HAUTE-SAVOIE
Terre d'Emotions

SOMMAIRE
des Entretiens

HAUTE-SAVOIE
Terre d'Emotions

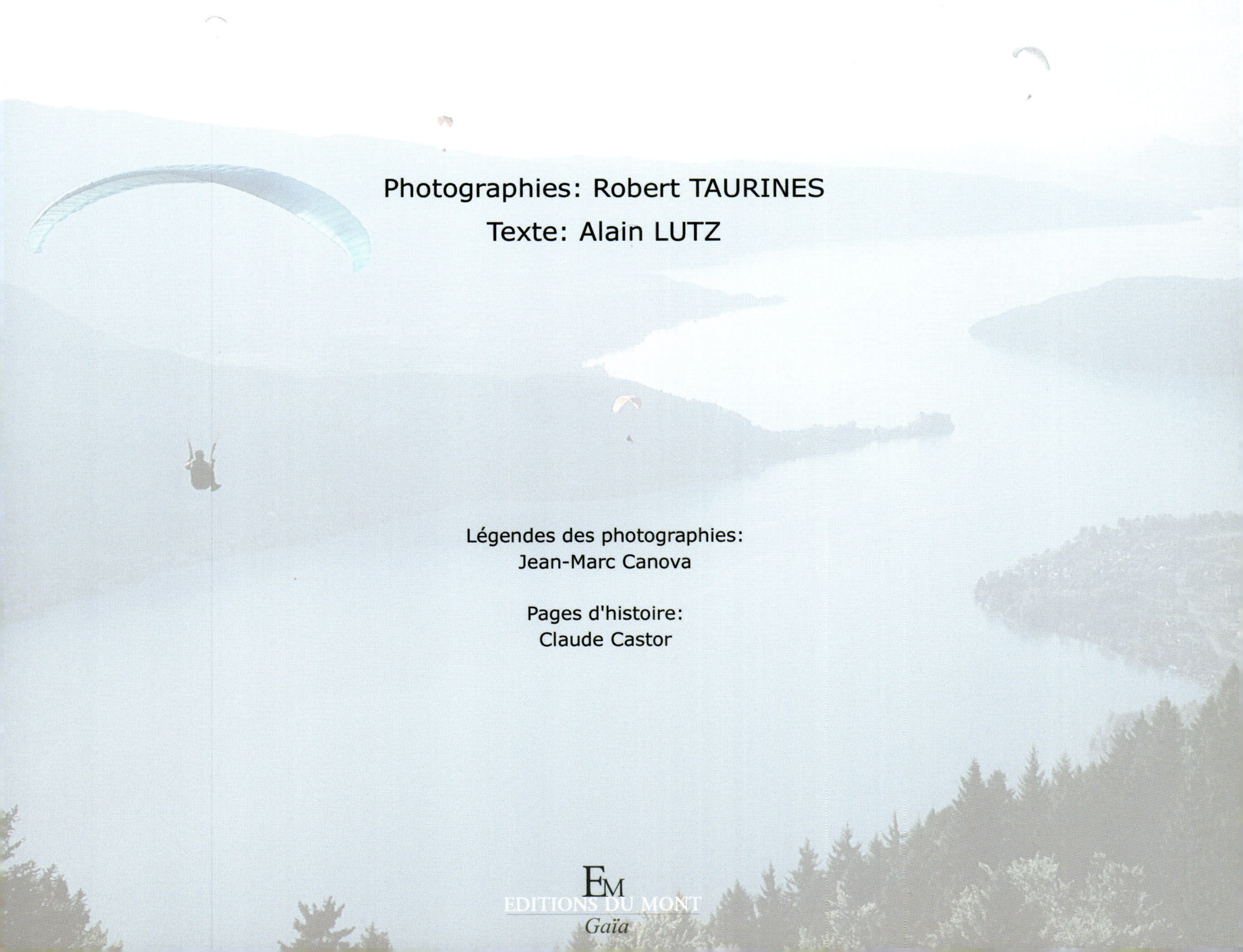

Photographies: Robert TAURINES

Texte: Alain LUTZ

Légendes des photographies:
Jean-Marc Canova

Pages d'histoire:
Claude Castor

EM
EDITIONS DU MONT
Gaïa

A Jacqueline, à Djeammale

©Éditions du Mont
3, rue du Buet – 74100 Annemasse
editionsdumont@wanadoo.fr
ISBN 2-9518386-0-3
Dépôt légal décembre 2003
Maquette, mise en page, couverture
et traitement photos: mandarine – Genève
Scans: Pays d'Oc – Nîmes

PREFACE

Ce recueil se veut l'album de cartes postales et de souvenirs vrais, envoyés à mes amis pour qu'ils découvrent eux aussi les lieux passionnément aimés où m'ont conduit les chemins de la vie.
Pourquoi ne pas partager l'émotion de chacune de ces images vécues au fil des jours, à la lumière des saisons.
Les photographies sont des conquêtes parfois exigeantes en dépassement de soi: progressions dans les torrents, atterrissages sur le glacier du Talèfre, patrouille à skis avec les douaniers, escalades de l'Aiguille du Tour et de l'Arête des Cosmiques, randonnées dans les réserves naturelles.
Cordes, crampons, peaux de phoque, canot zodiac, avion, hélicoptère, parapente: tout ce qui permet de se mouvoir et de progresser a été mis à contribution.
Chargée d'une vivante histoire, la Haute-Savoie est aussi le pays du Mont-Blanc. Phare dominant les Alpes du haut de ses 4810 mètres, il garde dans le secret de ses neiges éternelles de nombreux cris de conquête et de renoncement.
Au creux des vallées industrieuses, sur quelques lacs pacifiques, voiliers et mouettes mêlés parsèment l'azur de taches blanches à la recherche d'infinis et de rivages.
Ce livre ouvert résume une tranche de vie confiée à vos regards. Avant tout dédié aux amoureux des grands espaces, j'espère qu'il vous fera rêver.
Dans le givre de l'hiver, ci-contre, le clocher de «La Muraz», camp de base pour la course que je vous propose.

Robert Taurines

SOMMAIRE

Haute-Savoie

Les grandes périodes historiques

La Haute-Savoie d'aujourd'hui s'étend du nord au sud du lac Léman aux Bauges, de l'ouest à l'est du Rhône aux frontières suisses et italiennes, sur une surface de 4600 km^2.

Ce département, qui a pour chef-lieu Annecy, correspond à la partie nord de l'ancien Duché de Savoie rattaché définitivement à la France en 1860. Il est composé des anciennes provinces du Chablais, du Faucigny et du Genevois, très tôt peuplées malgré leurs positions septentrionales.

De la préhistoire au Moyen Age. Les premières traces d'occupation humaine de chasseurs itinérants furent observées à la grotte de Barré sur Onnion (-70 000 av. J.C.) puis dans les grottes du Salève à Veyrier ainsi que dans celle de la Balme-de-Thuy près de Thônes (-12 000 av J.C.).

A partir du 4e millénaire av. J.C., une amélioration climatique permit aux premiers agriculteurs du Néolithique de quitter leurs abris sous roches pour s'installer sur les rives des grands lacs (Léman et d'Annecy) dans des habitations sur pilotis. A la civilisation «lacustre» succéda la brillante civilisation du «bronze».

Le dernier millénaire avant notre ère vit l'arrivée des Allobroges, Celtes venus du Nord par vagues successives au IXe siècle. av. J. C., puis celle des Romains dès le IIe siècle. av. J.C. La «Pax Romana» établie permit la construction de routes, de bourgades et de grands domaines fonciers.

En 443, les Burgondes, venus également du nord, s'installèrent avec l'autorisation des romains dans le sud-est de la France actuelle et la partie suisse contigüe et constituèrent un grand territoire: la Sapaudia dont Genève et la Haute-Savoie furent parties intégrantes jusqu' à l'arrivée des rois rodolphiens.

Des Comtes de Genève aux Comtes de Savoie. Après 888, une longue période d'incertitude offrit à la féodalité de s'implanter. Ainsi apparurent au XIe siècle. les Comtes de Genève et les Comtes de Maurienne qui prirent le nom de Comtes de Savoie par la suite. Ces derniers s'étaient autoproclamés protecteurs de l'abbaye de Saint-Maurice-d'Agaune et avaient de ce fait un pied en Chablais.

Aux litiges et guerres qui ne manquèrent pas de surgir entre les deux Comtés, s'ajoutèrent ceux suscités par les Barons de Faucigny et les Evêques de Genève devenus Princes d'Empire. Aussi dès le XIIe s. les Comtes de Genève s'installèrent-ils à Annecy; leur autorité urbaine étant contestée dans leur ville d'origine par les Evêques.

Au siècle suivant le territoire de la Haute-Savoie est contrôlé par quatre forces politiques: les Comtes de Genevois depuis Annecy, les Evêques depuis Genève, les Comtes de Savoie depuis le Chablais et les Barons de Faucigny depuis leur résidence de la vallée de l'Arve. Au temps de Pierre II de Savoie, le petit charlemagne parle aussi au nom du Faucigny puisqu'il en a épousé Agnès, l'héritière. Son décès survenant avant celui de son épouse, fit que le Faucigny échappa aux Comtes de Savoie et tomba dans l'escarcelle des Dauphins de Viennois via Béatrix (fille de Pierre II et d'Agnès) qui avait épousé Guigue, Comte d'Albon.

Après moultes palabres et batailles, la réunion des terres se fit enfin au bénéfice de la Maison de Savoie qui acquit le Faucigny en 1355, au Traité de Paris, et qui racheta aux héritiers du dernier Comte de Genevois leurs droits de succession. «Amédée VIII, le Duc qui devint Pape» sous le nom de Félix V et qui abandonna la tiare pour se retirer au château de Ripaille fût donc le premier grand «seigneur» de l'unité haut-Savoyarde.

Humbert 1er aux blanches mains (980-1048): Fondateur de la dynastie, placée sous la suzeraineté du Saint Empire romain germanique (Conrad II), il a constitué dès le Xe siècle le noyau de l'Etat savoyard.

Amédée VIII (1383-1451) premier duc de Savoie: il a porté la Maison de Savoie à son apogée. Elu pape sous le nom de Félix V en 1439 par le Concile de Bâle, il renonça après dix ans de pontificat. Il est mort cardinal et évêque de Genève.

Jacques de Savoie, Duc de Nemours.

La ville de Chambéry, siège du gouvernement de Savoie au XVIe siècle.

Des Ducs de Genevois - Nemours aux Rois de Sardaigne. Les terres acquises par Amédée VIII servirent à constituer l'apanage héréditaire d'un Prince de la Maison de Savoie. Au Genevois, au Faucigny et au Beaufortin, le Roi de France y ajouta la terre de Nemours et le titre de Duc. Aussi, jusqu'en 1 659, ce Duché de Genevois - Nemours eût-il depuis Annecy, une administration distincte de celle du Duché de Savoie qui ne conservait, dans cette partie nord que le Chablais. L'apanage faisant retour à la maison mère par extinction de la branche cadette, l'administration de la Savoie retrouva son unité.

Ces trois siècles d'existence furent marqués par des conflits avec la France et avec Genève qui embrassa la Réforme calviniste en 1536. Les guerres, les occupations, les sacs et les pillages prirent fin avec la France par le traité de Lyon en 1601 où le Duc de Savoie céda à Henri IV ses possessions au-delà du Rhône et avec Genève par le traité de Saint-Julien en 1603 qui, faisant suite à l'échec de l'Escalade du 12 décembre 1602, consacra définitivement la perte de Genève en réglant en même temps quelques problèmes locaux.

Portrait d'Emmanuel-Philibert (1528-1580). Accélérant la modernité de son Etat, il a été l'initiateur du destin italien de la dynastie en fixant sa capitale à Turin en 1563.

Par le jeu des alliances matrimoniales, la Savoie passa pratiquement sous influence française et se vit entraînée dans la politique et les guerres de Louis XIII et de Louis XIV. A la Paix d'Utrecht, elle récupéra sa liberté, ses états et reçut la couronne de Roi de Sicile. Couronne qu'elle échangea en 1718 contre celle de Sardaigne. Dès lors, les Ducs de Savoie devenus Rois Sardes vont se lancer dans la réorganisation de leurs Etats. Nous retiendrons, pour l'essentiel, l'énoncé des Royales Constitutions (1723) destinées à renforcer le centralisme royal, l'établissement (dès 1728) de la «Mappe sarde» (cadastre général) en vue de répartir équitablement l'impôt et surtout l'Edit d'affranchissement général (1771) qui régla le problème des droits féodaux dix-huit ans avant la France.

De la Révolution à l'Annexion (1792 – 1860)

Entre 1792 et 1815, la Savoie toute entière fut incorporée à la France et devint le Département du Mont-Blanc remanié en 1798 après l'occupation de Genève qui forma avec les districts de la Savoie du nord (Thonon, Carouge et Cluses) le Département du Léman. La conscription et la Constitution civile du clergé firent naître, au printemps 1793, des révoltes paysannes dans le haut Faucigny et la Vallée de Thônes; révoltes vite et durement réprimées. Le calme ne réapparaîssant qu'avec l'époque consulaire et l'Empire.

La ville d'Annecy au XVIe siècle.

Entre 1816 et 1860, la chute du Ier Empire entraîna au Congrès de Vienne la réorganisation de l'Europe. C'est ainsi que le Roi sarde Victor Emmanuel Ier, récupéra ses Etats amputés de seize communes cédées au canton de Genève. S'ouvre alors la période du «Buon Governo» qui vit le retour de la monarchie absolue jusqu'aux Royales constitutions de Charles-Albert en 1849 introduisant alors la monarchie constitutionnelle.

Victor Emmanuel II occupé à réaliser l'unité italienne autour du Piémont céda la Savoie et Nice à Napoléon III en échange d'une aide militaire contre l'Autriche.

De l'Annexion à nos jours.

Toute la Savoie redevint française après le Traité de Turin signé en mars 1860. Certes, la Haute-Savoie (Chablais, Faucigny et nord du Genevois) aurait préféré être rattachée à Genève mais la promesse de création d'une zone franche pour elle, la Grande Zone, permit la ratification du Traité. Le Second Empire n'apporta pas au département l'élan économique souhaité. Il dût attendre la fin de la seconde guerre mondiale pour vivre la fièvre de la croissance tant démographique qu'économique.

La ville de Genève au XVIe siècle. Le Comté de Genève ou Genevois a été une région comprenant Annecy et tous les pays de moyenne vallée de l'Arve. Le Genevois est revenu au Duc de Savoie Amédée VIII en 1401.

Claude CASTOR
Président de l'Académie du Faucigny

Menthon-Saint-Bernard *(alt 482 m): Le bourg est dominé par la silhouette puissante du château de Menthon, habité par la même famille depuis le XIIe siècle. Saint-Bernard de Menthon, patron des alpinistes serait né à Menthon vers 923, et mort à Novarre vers 1008. Il a été Vicaire général d'Aoste.*

Menthon-Saint-Bernard: *Commune riveraine du lac d'Annecy, l'un des plus beaux sites balnéaires du département. Située au pied des Dents de Lanfon, elle est dominée par le château de Menthon-Saint-Bernard. En bordure du lac, l'imposante bâtisse du Palace-Hôtel est devenue le centre de séminaires de la société Alcatel.*

Le Château de Menthon

La montagne romantique

Le château de Menthon est une demeure qui invite à rêver. Par sa structure à la fois massive et élancée, il exprime la puissance. Par son architecture intemporelle: ses tours de guet et ses mâchicoulis mêlés aux façades ornées de multiples fenêtres et surmontées d'élégants faîtages qui l'apparentent à la forteresse médiévale aussi bien qu'à la résidence, il constitue un ensemble tout en arêtes et rondeurs qui semble échapper à l'Histoire. Par sa situation enfin: érigé sous les immenses parois calcaires des Dents de Lanfon qui ressemblent elles-mêmes aux vestiges d'un gigantesque château fort et rehaussent ses murailles par-dessus les forêts comme pour lui donner la dimension des montagnes, il compose un décor romantique unique. Dominant enfin le lac d'Annecy, au sud, comme s'il épiait son image lumineuse dans l'onde, il cristallise en son enceinte l'énergie des éléments: la robustesse de la pierre, la légèreté de l'air, la fluidité de l'eau, le feu du soleil qui s'attarde longuement sur ses façades avant de s'incliner sur le massif des Bauges pour sombrer définitivement derrière les cimes boisées. Au printemps, il épouse le long frissonnement qui court sur les pentes verdoyantes tandis qu'en été, sa silhouette radieuse flamboie au centre du massif. En automne, les feuillages dorés et l'azur limpide versent de tendres éclats sur ses murs tandis que la neige, au coeur de l'hiver engourdi, illumine l'édifice tout entier et le transforme en château de légende.

Aujourd'hui, le ciel pèse lourdement sur un paysage sans couleur, triste, humide. Les montagnes sont invisibles. De la route qui mène au col de Bluffy, je devine le socle de la Tournette dont les névés blafards se mêlent à la danse des brouillards. Je guette le moment où je vais voir apparaître, dans une des courbes que dessine la chaussée, le château de Menthon. Le voici: austère et fier. Pareil à une montagne sculptée. Toits d'ardoises, pignons de tuiles rouges, flèches et tourelles tendues vers le ciel vide, pareils aux instruments d'une musique dont l'écho se perd dans les sombres escarpements des Dents de Lanfon. L'immense corps du bâtiment repose sur un rocher qui surplombe brutalement le village en le dominant de plus de mille pieds. Comme à chaque fois, je reste fasciné par le spectacle de la bâtisse dont rien ne semble affecter la noble prestance. Je traverse le bois et après quelques lacets, j'atteins le portail.

Talloires (alt 447 m.): *La baie de Talloires se situe au pied du massif de la Tournette et est adossée au Roc de Chère. Talloires possède un patrimoine religieux important, un prieuré du XIe siècle, une abbaye bénédictine du XVIIe siècle, aujourd'hui fleuron de l'hôtellerie. La célèbre auberge du Père Bise a été le lieu de séjour de personnalités et de chefs d'Etats. C'est aussi la patrie du chimiste Berthollet. Durant l'été 1896, Paul Cézanne y a séjourné et réalisé une toile intitulée*
«Lac d'Annecy: le château de Duingt vu de Talloires».

Doussard (alt 463 m):
Au bout du lac, cette commune possède quelques rivages paradis des animaux tels les roselières abritant une colonie de castors et un refuge d'oiseaux, inclus dans une réserve naturelle. Doussard a développé une infrastructure destinée au tourisme estival.

Sevrier *(alt 456 m):*
Sevrier est implantée sur les contreforts de la montagne du Semnoz.
Les hôtels pour l'accueil touristique, et des loisirs nautiques y sont nombreux. Dans la commune se trouvent la célèbre fonderie de cloches Paccard, ainsi que les studios de la télévision TV8 Mont-Blanc. Deux musées animent le village: l'écomusée du costume savoyard et le musée de la cloche.

La régie mobile de TV8 Mont-Blanc en tournage extérieur.

Les studios de TV8 Mont-Blanc, la télévision des pays de Savoie et du Léman.

Saint-Jorioz *(alt 467 m):*
Le village a développé très tôt les activités liées au tourisme lacustre.

Duingt *(alt 453 m): Sur la pointe avancée de la montagne du Taillefer, la presqu'île de Duingt marque la séparation entre le petit lac et le grand lac. L'ancien château fort du XIe, appelé château de Ruphy, a été restauré au XVIIIe siècle..*

Veyrier-du-Lac *(alt 500 m): Sur les contreforts du mont Veyrier (1291 m) la commune offre un cadre de vie exceptionnel. Les sentiers botaniques du mont se prêtent à la promenade des Anneciens. Surplombant les rivages, le restaurant «Au bord du Lac» est tenu par le célèbre cuisinier trois étoiles Marc Veyrat. La Fondation Mérieux réside dans le village.*

Le château, c'est une histoire millénaire. Ça fait mille ans que mes ancêtres habitent ici. A cet endroit est né en particulier, en 1008, Saint-Bernard de Menthon qui a donné son nom au chien. Le Saint-Bernard, justement, qui ne cessait de tourner autour de moi quand je suis entré s'est couché je ne sais où, mais pas très loin. Il dort comme un bienheureux: son ronflement énorme monte dans la pièce. En face de moi, sous la fenêtre, le boxer qui m'a reçu avec non moins d'effusions s'est installé à sa place habituelle, dans un fauteuil recouvert d'un drap protecteur. Il a posé sa tête sur l'accoudoir et s'est enfoncé dans une sieste olympienne. Lui aussi émet des grondements de bien-être. Rappelons que le Saint Patron avait fondé l'Hospice du Grand-Saint-Bernard pour venir en aide aux voyageurs et aux pèlerins. La légende dit qu'il aurait vaincu le Diable qui hantait l'endroit et épouvantait les montagnards. Il meurt à Novare en 1081 où il est enterré. Depuis cette époque, la commune s'appelle Menthon-Saint-Bernard.
- Notre lignée remonte à 1180 en ligne directe; c'était déjà une famille importante en ce temps-là. Et le comte précise que le château existait alors, mais qu'on n'a aucune trace de celui qui l'a précédé (et qui était sans doute un château de bois servant à contrôler la voie romaine qui passait par là), pas plus que de la famille qui y vivait. Son épouse ajoute qu'avant même les châteaux de bois existaient des places-fortes.

Le parfait état de conservation du château et la qualité de son mobilier tiennent à ce qu'il représente le berceau d'une famille. Qu'il n'a jamais appartenu qu'à une seule et même personne. Le comte était ingénieur sur un gros chantier en Afrique quand il reçut une lettre de son père lui indiquant qu'il le choisissait parmi ses frères pour lui léguer la demeure. C'est vrai qu'il y était particulièrement attaché, vrai aussi qu'on pouvait compter sur lui pour le garder tel quel sans rien vendre, pas même un livre. Mais il vécut cette prise de possession comme un sacrifice. Rapidement en effet, ils allaient lui et son épouse réaliser les contraintes liées à leur nouvelle existence. Financières en particulier. Les droits de succession sont «exorbitants». De plus, le château étant privé, ils ne bénéficient d'aucune aide de l'Etat. A tel point qu'ils doivent s'occuper de tout, en particulier des visites et du ménage. Le comte précise d'ailleurs que son épouse est davantage femme de ménage que châtelaine. Faisant allusion aux jeunes gens de leur parenté qui habitent Paris, celle-ci me prend à partie:
- Comment voulez-vous qu'une femme de trente-cinq ans puisse désirer venir s'enfermer dans une maison froide, obscure et non fonctionnelle? Car il faut être là, physiquement là, pour cirer le salon en s'activant à genoux sur le parquet, au risque d'avoir les mains pleines de rhumatismes. Sans compter les fortes intempéries qui menacent les tuiles ou d'autres points vulnérables de la bâtisse. Ni les jours d'été passés à se morfondre en attendant les touristes que le soleil retient à la plage. Quand ce n'est pas la pluie, au contraire, qui oblige à affronter la soudaine ruée des visiteurs. A cela s'ajoute enfin la difficulté de s'intégrer au pays, non seulement en raison d'une sorte de rancœur ancestrale du peuple à l'encontre de l'aristocratie mais aussi parce que les Savoyards, c'est bien connu, ne sont pas très accueillants de nature. Et la comtesse de commenter, en s'abandonnant à une humilité teintée de mélancolie:
- Ils sont riches des clans qu'ils forment. Et je trouve ça extraordinaire.

En tout cas, l'ambition du comte qui se considère comme le simple maillon d'une longue chaîne est ferme: le château ne devra rien coûter à celui qui en héritera. Il ne fait là que son devoir, tout comme la comtesse qui insiste sur son rôle d'épouse.

La compagnie des bateaux propose des croisières agrémentées d'explications de guides-conférenciers.

Enfin, nous sommes allés visiter le château. Le comte a actionné le pêne à l'aide d'une lourde clef qui fait deux fois la main. Comment ne pas rêver? Avec une clef comme celle-ci, on entre tout de suite dans une autre dimension, celle des contes pour enfants. Maintenant, j'ai envie qu'il me parle des endroits qu'il aime, des souvenirs qu'il a gardés. Histoire aussi de surprendre la demeure à un moment de l'année où elle est fermée au public, où les pièces sont encore engourdies par le froid de l'hiver, où tout dort. Une à une les pièces s'éclairent. Le comte m'explique qu'en été une douzaine de jeunes gens en costumes d'époque créent des tableaux vivants du passé dans les différents lieux de la bâtisse. Ils racontent son histoire, jouent de petites scènes, font de la musique.

Du grand salon garni d'un plafond à caissons, habillé d'une énorme cheminée, aux murs décorés de tableaux représentant les ancêtres de la famille, nous passons dans le petit salon d'hiver, plus fonctionnel, plus intime, où enfant, le propriétaire vivait avec ses parents. Des essaims de mouches, surprises par le froid, jonchent le sol. Les fenêtres s'ouvrent sur d'étroits balcons auxquels nous nous penchons. La vue est magnifique. Au-dessus de nous, les Dents de Lanfon laissent entrevoir par instants leurs rochers sommitaux que séparent de profondes failles. Puis les rouleaux de brume masquent de nouveau les barres, estompant les plaques de neige dont le faible éclat n'en finit pas de mourir. A nos pieds, le village de Menthon. En face, les Bauges avec le Taillefer et le Roc des Bœufs.

- Avec mon père, on partait à minuit pour arriver au lever du soleil au sommet de la Tournette. On revenait ensuite par le Lanfonnet et les Dents de Lanfon.

Je comprends la remarque sur le ressentiment tenace de la population à l'encontre du château. Ici plus qu'ailleurs, du haut de son rocher, il veille avec une autorité arrogante sur les habitations. Il se défend pourtant de toute vanité et avoue éprouver simplement du plaisir à y vivre.

Nous traversons de nouveau le grand salon. Mon regard est attiré par les reflets d'ébène du piano à queue dont les notes, quand vient l'été, doivent s'échapper par la grand baie et, portées par une brise tiède, tournoyer au-dessus des massifs en fleurs. Contre un mur, un buffet Henri II à l'allure sévère, surmonté, à chaque extrémité, de deux vases de Chine. Le comte éteint les lampes puis nous pénétrons dans la chambre où vivait sa mère.

Comment nos rêves enfantins ne seraient-ils pas remués par tous ces frissons de vie qui courent à la surface de chaque chose, lustrent les couleurs et restent subtilement suspendus aux formes invisibles du passé?

- A sept heures et demie, invariablement, la cloche du dîner sonnait. Il fallait se dépêcher car on servait aussitôt.

Nous pénétrons alors dans la bibliothèque qui retient particulièrement l'attention des visiteurs. Dans un angle de la pièce, les armoiries des comtes de Menthon: un lion barré de bleu sur fond rouge. Au centre, un immense bureau Louis XV. Au-dessus et tapissant les murs, des milliers de livres d'origines variées exhibent de superbes reliures richement gravées.

Le vieux bourg, dont les bases des maisons à arcades du XVIe siècle abritent les échoppes d'artisans et les manufactures. Des activités économiques feront d'Annecy une capitale régionale.

Le Puits Saint-Jean subsiste dans le vieil Annecy pour rappeler les Hospitaliers de Saint-Jean. (Chevaliers de Malte)

Au XIIe siècle, cette ancienne maison-forte a été le siège des premières seigneuries, dont celle de la famille de l'Isle. Elle fut tour à tour atelier monétaire, lieu du cadastre et prison jusqu'en 1864.

«Le balustre d'Or», dans la cour de l'ancien évêché, a été le lieu de rencontre entre Jean-Jacques Rousseau, fuyant à 16 ans sa Genève natale pour Annecy, et Madame de Warens. «Un matin de Pâques fleuri» en 1728. «Ce lieu, je l'ai mouillé de mes larmes, couvert de mes baisers. Que ne puis-je l'entourer d'un balustre d'Or. Que n'y puis-je attirer les hommages de toute la terre» (Les Confessions).

Le Conservatoire d'Art et d'Histoire: Edifié en 1584, cet ancien séminaire abrite aujourd'hui les archives départementales et le conservatoire d'Art et d'Histoire. Cette institution abrite les collections Payot et Chastel ainsi que le fonds d'Evariste Jonchère, premier Grand Prix de Rome.

Le Centre Bonlieu abrite le Centre culturel, le théâtre, la bibliothèque et l'Office du tourisme, ainsi que le Festival du cinéma d'animation et les journées du cinéma italien.

ANNECY *(alt 448 m): Ville d'Art et d'Histoire. La capitale haut-savoyarde, préfecture du département, s'étire dans un cadre de montagnes d'une remarquable beauté. Au premier plan la basilique de la Visitation construite en 1930 et le couvent de l'ordre de la Visitation créé en 1610. Le conservatoire d'Art et d'Histoire, le musée-château, les espaces verts du Pâquier et la minuscule île des cygnes dans la pointe du lac complètent le point de vue.*

***Annecy, ville d'Art et d'Histoire**: quai de l'Évêché et pont Morens, le premier pont de pierres construit dans la ville. Les maisons sont baignées par le Thiou sur lequel elles ouvrent leurs portes d'eau.*

En aval du pont de la République, des vannes dirigeaient l'eau vers la turbine d'une filature de coton. Ces vannes mécaniques sont l'œuvre de l'ingénieur Sadi Carnot (Président de la République en 1887).

Le Thiou, l'une des plus courtes rivières de France après un parcours de 5 km seulement, se jette dans le Fier qui rejoint le Rhône à Seyssel.

Les façades aux couleurs sardes se reflètent dans le canal Thiou.

Rue Sainte-Claire, la fontaine Quiberet, surmontée des armoiries de la ville.

Ils ont été récemment reclassés dans un fichier, par auteur, par sujet et par éditeur. Régulièrement, le comte et la comtesse les retirent de leurs rayons pour les dépoussiérer et les graisser. Je demande à mon hôte s'il en est un qu'il préfère aux autres. Pas vraiment, me dit-il. Mais il a un faible pour les planches reproduisant cartes, croquis et dessins. Elles possèdent «un charme fou», s'exclame-t-il en m'indiquant, dans une vitrine, d'opulents volumes grand ouverts. Il me dit toute son admiration pour l'outillage ancien, puis me montre un indicateur de voyages de 1775 couvrant toute la France. Il justifie ses goûts en disant qu'il est avant tout un scientifique et rappelant qu'il a fait math élem, math sup, math spé. Son grand plaisir est de s'installer ici pour lire et fouiller dans les ouvrages. En été, il y passe des heures entières. Il me montre successivement une vieille édition de Ronsard, un ouvrage d'Ambroise Paré, un autre de Pascal. Je lis: «Les Aventures de Télémaque». Sur un rayon, «L'Histoire Naturelle» de Buffon. Sur un autre, une édition originale de l'Encyclopédie. Il souligne son penchant pour les archives et les manuscrits qu'il apprend à déchiffrer et dont le fonds, ici, est particulièrement riche. Il me fait encore remarquer un diplôme de philosophie en soie exposé sur un mur. Nous changeons finalement de pièce pour pénétrer dans ce qui constituait la cour intérieure du château, réaménagée par son arrière-grand-père dont j'ai pu admirer un portrait à la plume dans la bibilothèque. Ce dernier a englouti sa fortune en faisant bâtir une magnifique architecture à étages. Je lève la tête vers les impressionnantes boiseries de chêne. Le comte précise qu'on peut faire le tour du château en passant d'un niveau à l'autre.

Maintenant, nous sommes dans les cuisines où les touristes sont surtout attirés par le passe-plat, sorte de tunnel où courent des rails comme dans une galerie minière et qui servait à acheminer la nourriture à l'avant de la demeure, près de la salle à manger.

Dans la chapelle, le comte évoque le prêtre qui avait été radio au château pendant la guerre et qui, les années suivantes, venait tous les étés dire la messe. Les garçons faisaient office d'enfants de chœur. Tous les soirs, on faisait la prière en famille.

Je suis transi de froid. Dehors, il fait presque meilleur malgré une pluie fine qui ruisselle sur les pavés et fait transpirer les murs. Les baleines de mon parapluie vibrent sous la tension provoquée par les coups de vent. Enfin, je franchis le portail. Nous échangeons un signe de main amical. Puis je m'éloigne, dépositaire à mon tour de sensations ineffables: l'odeur froide du bois et de la pierre, le silence presque palpable entre les meubles ou les chatoiements d'une tenture dans le jour qui décline. Tandis que le châtelain, gardien d'une longue tradition, retourne à ses ancêtres, refermant la grille comme on serre le maillon d'une lourde chaîne. ◆

La porte Perrière protège l'accès de la ville fortifiée. Elle accueillait autrefois les voyageurs venant d'Italie. La porte a conservé son poste de garde avec sa tourelle qui s'intègre à la muraille d'enceinte du château.

Le long des quais du Thiou, à l'abri de ses passages couverts, de ses portes et de ses arcades, la Vieille Ville offre un dédale qui parcourt les époques passées.

Le pont des amours sur le canal du Vassé. Son élégante silhouette de métal témoigne de l'architecture en fer du début du XXe siècle.

ANNECY

La lumière du lac.

Janvier 2000. Le calme après la tempête. Une grande douceur règne sur les rives du lac. La nappe huileuse et presque immobile des eaux est teintée de gris violet. On devine le soleil derrière la fine trame des nuages qui enveloppe les montagnes enneigées de soie cendrée. La lumière tâtonne. Cela fait une trouée irisée au-dessus de nos têtes, comme si, sur une autre scène, se déroulait un spectacle joyeux et coloré. J'aime ces instants où le monde semble en suspens, où l'on pressent, à travers la morne uniformité du paysage, l'ébullition des choses, cette vie souterraine et ardente qui puise en nous sa propre conscience d'exister. Je dis à Roger combien tout cela me semble beau.

- C'est quelconque, me répond-il, car ce ne sont pas de beaux gris.

Je ne réplique pas. Il poursuit en m'expliquant que les gris peuvent être magnifiques car l'infinie nuance de leurs couleurs traduit une souplesse sur laquelle la pensée peut glisser jusqu'au fond d'elle-même, devenir en quelque sorte spirituelle. Ce sont ces instants de fugitive beauté qu'il tente de surprendre à travers ses photos. Roger Duteil est le photographe du lac d'Annecy. Depuis quarante ans, il traque son absolue beauté. S'il flaire un cliché intéressant, il dévale les escaliers quatre à quatre et fonce jusqu'au Bout du Lac s'il le faut. Il a manifesté dans la rue pour défendre ses rives à l'assaut desquelles se lancèrent, à une époque, les promotteurs parisiens, soutenus par certains élus.

Sur la façade de l'hôtel de Sales datant du XVIIe siècle des bustes symbolisent les quatre saisons.

Il avait été question, par exemple, de faire 2 000 lits sur le Roc de Chère! C'est devenu un réflexe en Haute-Savoie. Il existe tellement de lieux sublimes que la région est soumise aux pressions constantes des marchands de rêves: un vrai rackett. Derrière ses lunettes, l'oeil vif et mobile de Roger considère son passé de photographe, ses moments d'émotion, ses déceptions, toutes ces expériences secrètes qui lui ont appris l'humilité et l'humour. Et surtout l'humanité. Avec lui, pas de surenchère, pas de démonstration, pas de vue d'avion, ni de bateau, aucun moyen artificiel, et surtout pas de photo-document. Il tâche de recréer le spectacle intime auquel chaque promeneur est susceptible d'assister:

Au Moyen Âge, l'industrie textile s'est développée sur les rives du Thiou et du Vassé qui fournissaient la force motrice. On travaillait également le cuir et les métaux: armes, outils divers et couteaux étaient fort appréciés. C'est le canal du Thiou qui régule le niveau du lac..

- Je prends toujours des photos du bord du lac comme tout le monde pourrait le faire.

Sauf que lui guette tous ces instants pour «essayer de capter des choses»:

- Pour moi, les plus belles lumières sont les lumières d'automne ou d'hiver. En été, le soleil est vertical, il n'y a pas d'ombre; et puis, il est dur, ça tue les couleurs. Pendant deux mois au moins, je m'abstiens donc de toute photo.

Quand je lui demande quels sont les endroits qu'il privilégie, il me dit que ce ne sont pas les lieux qui comptent mais les lumières et «la position du soleil dans le ciel». Chaque coin a sa lumière.

- Le matin, c'est le Petit Port, parce que le soleil est à contre-jour. Il y a alors des variations d'éclairage formidables. Ou encore du côté d'Annecy-le-Vieux, quand les brumes stagnent sur les roseaux, on assiste à des choses très étonnantes, merveilleuses. Parmi les coins du matin, il y a également le bout du lac: ça dure un quart d'heure, vingt minutes. Le soleil, en plein hiver, par exemple, arrive presque à ras par Faverges. A partir de Saint-Jorioz aussi, on a de belles vues, notamment sur le Roc de Chère.

Roger me parle. Moi, je considère le faisceau de pièces dorées qui scintille à la surface de l'eau. On dirait un chemin issu de la crête boisée qui domine la ville et

Pêche et contemplation sur le port face aux jardins de l'Europe.

où se découpe l'ombre de la Visitation. Une procession est passée par là, laissant traîner sur le sable les reflets d'objets sacrés et de riches broderies. Puis elle a disparu au fond de la vague lourde, épaisse.

Roger ne peut oublier l'épisode des goélands.

- Devant chez moi, il y a un ponton. Un jour, je vois deux-trois goélands autour. Je descends à toute vitesse. Au bout du ponton, l'un d'eux a tout à coup ouvert ses ailes. C'était magnifique. Mais je n'étais pas dans l'axe. Le temps que je me recale, l'oiseau s'était envolé. Il aurait disparu vers le bout du lac, je n'aurais rien dit. Mais non! L'affreux, il s'est mis à nager en faisant des allées et venues, devant moi! Doucement. Il me narguait!

Il conclut:

- Ça a été ma grande déception. Une photo insolite et probablement belle, ratée dès le départ.

Bien sûr, il a vécu de beaux moments, mais ce sont les souvenirs malheureux qui lui reviennent à l'esprit, pareils à des vagues mauvaises. Comme ces instants uniques qu'il croit avoir saisis sur la pellicule et qui, au moment du tirage, se refusent à apparaître.

Les mouettes tournent en poussant quelques cris au-dessus des canards dont le ventre épouse tranquillement les ondulations de l'eau. Le monde existe paisiblement. Une yole glisse au loin, emmenée par une demi-douzaine de rameurs tirant sur les avirons. Elle entre dans le paysage. Elle n'est déjà plus qu'un souffle, une couleur, un signe.

Roger poursuit:

- Quand t'as envie par exemple, au mois de juillet, de photographier la neige sur le Pâquier, c'est raté. Il faut attendre des mois! Si tu es peintre, tu fais la neige sur le Pâquier tout de suite et tu es heureux. Comme je ne suis maître de rien du tout, ni du temps ni de la lumière, je suis frustré sans arrêt, et si j'étais courageux, je me serais supprimé plusieurs fois déjà. Mais je ne le suis pas assez, et je suis toujours là.

Il rit.

- Les oiseaux, ce sont des obstacles sur le lac?

- Parfois, oui. Quand je veux faire des roseaux, que je veux avoir quelque chose de lisse et que t'as un crétin qui passe là et qui fait des petites vagues, t'as beau lui dire: «Ecarte-toi, écarte-toi!», il ne t'obéit pas.

Roger prend un air faussement las.

Nous finissons par parler de son prochain livre. Le voici soudain transfiguré. Il claironne:

- Il a des photos inouïes.

Il n'en revient pas lui-même. Ses yeux brillent. Il a approché comme jamais l'infini. Jamais ses clichés n'ont été aussi proches de révéler cette vibration intime qui révèle l'essence des choses, le mystère du lac. A la limite, ça pourrait être n'importe quel lac. Peu importe. C'est comme si on remontait aux origines de la nature, «quand les hommes n'étaient pas là», comme si on «remontait le temps à travers la beauté».

Il est près de quatre heures de l'après-midi. Il fait froid tout à coup. A quelques pas de là, l'Impérial devient pâle.

Je me souviens quand j'allais lire dans ses jardins. C'était il y a une vingtaine d'années. Il était à l'abandon. On avait muré les étages du bas. Des fils de fer barbelés empêchaient toute approche. Pourtant, on imaginait aisément des couples d'aristocrates gravissant le grand

Notre-Dame-de-Liesse, érigée au XVIe siècle et abattue pendant la Révolution, a été rebâtie dans le style néo-classique en 1850. Devant l'église, l'obélisque de la fontaine est portée par quatre tortues.

Clair-obscur de façades médiévales aux couleurs, élaborées par des ingénieurs turinois.

Dans les rues de la vieille ville, les cours intérieures cachent d'anciens escaliers qui contribuent au charme des lieux.

Le Musée: le château d'Annecy est une forteresse dont l'élément le plus ancien, la tour de la reine, date du XIIIe siècle. Il est devenu la résidence des Comtes de Genève jusqu'au XIVe siècle. Ce bâtiment historique abrite aujourd'hui un musée riche de nombreuses collections. On y trouve l'Observatoire régional des lacs alpins

escalier pour pénétrer dans la lumière chaude déversée par des lustres gigantesques. Je parvenais presque à créer le murmure des conversations qui s'échangeaient sur la rotonde, dans la pénombre des hauts arbres, face au lac. Sans doute l'Impérial, plus que Rousseau ou Senancour, ont cultivé en moi le goût du romantisme. L'Impérial et les montagnes.
Puis les bâtiments ont brûlé. Un incendie à la mesure de l'édifice: gigantesque. On a dit que c'étaient des squatters; on a parlé également d'enjeux financiers. Puis l'Impérial a fini par être racheté. Il a retrouvé sa splendeur, mais pas sa noblesse. Celle-ci, je la garde pour moi, dans mon souvenir, entre les pages de mes livres, là où le charme surrané des plantes accrochées aux vieilles pierres se mêle au parfum des mots.
Nous regagnons l'appartement dont les grandes baies vitrées donnent sur le lac ceinturé par les montagnes: à gauche, le massif des Bornes dominé par la Tournette; en face, les Bauges, pareilles à des vagues, d'autres vagues ourlées d'écume blanche et figées par le temps.
Je pense aux mots de Roger:
«Et les choses prennent forme doucement, comme sortant d'un brouillard.»
Je pense à tous les hommes qui sont heureux non pas par ce qu'ils font mais pour ce qu'ils sont.

Les esprits de la cité.

Le lac scintille mais on ne voit pas le soleil. De gros nuages sont ramassés sur ses eaux à quelques encablures seulement du quai, juste après les longs miroitements qui n'en finissent pas de frémir: la lumière ne va pas plus loin. On se croirait parvenu au bout du monde. C'est comme une scène de théâtre avec son décor. Au-delà, ça ne compte pas. Annecy, dit-on, est une ville d'opérette. Quoi de plus naturel? En ce moment-même, on dirait que les cygnes, avec une grâce de ballerines, passent devant une rampe lumineuse et traversent l'espace sous des projecteurs invisibles. Anne, qui ne cache pas sa fierté, commente avec un sourire où point l'indulgence:
- Ici, tout est extrêmement brillant et clinquant.
De sa main, elle me dessine les montagnes du bout du lac, masquées par le rideau de brume:
- Cet enchevêtrement des montagnes qu'on voit quand on est ici, sur le Paquier, les gens d'ici l'appellent la Lanterne du Lac. Et quelquefois, quand un orage ou le mauvais temps est annoncé, on a l'impression que la lumière vient de l'intérieur des terres, entre le relief.
Puis, me montrant la montagne du Semnoz et la ville:
- Regarde: le Semnoz retombe sur la ville en trois marches. Sur la plus haute: la Basilique de la Visitation, sur la seconde: le Château et sur la dernière: les Prisons.
Les mouettes, inlassablement, crient sous les branchages des arbres dénudés et couvrent nos voix.

Nous sommes maintenant sur le Pont Albert-Lebrun. Trois cours d'eau traversent Annecy: deux canaux et une rivière. Sous nous pieds s'engouffre le canal du Vassé qui autrefois longeait les remparts de la ville. Il poursuit sa course sous la rue Vaugelas entre les deux immeubles. Et va réapparaître un peu plus loin. Anne me montre la clarté de l'eau et me rappelle que le lac d'Annecy a l'eau la plus pure d'Europe. Elle évoque alors quelques souvenirs de son expérience de guide.

La cathédrale Saint-Pierre du XVIe siècle: concert de l'Orchestre des Pays de Savoie sous la direction de Pascal Véro, accompagné des Chœurs départementaux de Haute-Savoie sous la direction du chef de Chœur Bernard Spizzi.

Le Palais de l'Ile: Ancienne maison-forte du XIIe siècle appartenant à la famille de l'Isle, cette forteresse, entourée par le canal du Thiou, a été tour à tour palais de justice, prison et atelier monétaire. Amédée III y a frappé monnaie. Le Palais de l'Ile est le monument le plus connu de la ville.

L'Hôtel de Ville: Ce très bel exemple d'architecture sarde, a été conçu par l'Ecole d'architecture de Turin sous le règne de Victor-Emmanuel II. Le bâtiment se reflète dans son miroir d'eau carrée créé par l'architecte Jean-Michel Wilmotte.

Un jour, me dit-elle, elle ne put s'empêcher de sourire au spectacle de cette dame qui avait installé son petit chien dans le landau, à côté du bébé. Dans les Prisons, elle avait pris celui-ci dans ses bras et, tout en parcourant les cachots, lui donnait le biberon. Tandis que son mari poussait le landau qu'occupait royalement l'animal.

Sans compter cet autre chien qui avait refusé d'entrer dans les Prisons et était resté sur le seuil en ne cessant de trembler. Une histoire d'ondes sans doute.

Elle me montre le canal Notre-Dame qui passe sous l'église Saint-Maurice et va rejoindre le Thiou et le canal du Vassé. L'eau partout. Des portes d'eau. Des lacs, des fontaines, des puits, des lavoirs. Des courants visibles et invisibles. L'eau et la religion: les deux forces d'Annecy. L'alliance du matériel et du spirituel. Une affaire de fluides. Il existe même une échoppe dans laquelle une plaque de verre remplace une dalle et permet de voir l'eau couler sous ses pieds.

Nous gravissons l'escalier qui forme le perron de l'église Saint-François-de-Sales et nous découvrons l'une des perspectives les plus ravissantes d'Annecy: la rivière et les quais ceinturent les Prisons au-dessus desquelles un étagement de toits monte jusqu'à la silhouette massive du château rehaussée par ses tours crénelées. C'est «le cœur de la cité». Nous empruntons le Passage de l'Ile. Anne s'arrête et me montre l'eau qui coule entre les maisons comme une ruelle avec ses bas-côtés de pierre et les fenêtres qui donnent sur le Thiou.

Place de l'Hôtel de Ville: le parking souterrain, l'église Saint-Maurice à droite et la basilique de la Visitation au loin.

Des parfums de lagune semblent courir entre les murs: nous pénétrons dans «la Petite Venise savoyarde»! De l'autre côté de la petite place, elle m'indique le soubassement des prisons qui émerge de l'eau, un peu comme une minuscule grève de pierre ou, plus simplement, un banc:

- Je me souviens, au printemps, il y avait une famille de cygnes et la maman cygne avait son petit sur le dos. Tout le monde s'arrêtait le long des quais pour regarder. Alors, elle a installé son petit sur la pierre chaude.

Elle conclut, ravie et encore émue:

- C'est des instants!

Nous avons dépassé les arcades, un des charmes de la Vieille Ville, pour emprunter la rampe du château. Nous visitons la Tour de la Reine qui date du XIIIe siècle et arbore trois archères permettant de surveiller plusieurs routes, celle de Turin au sud, celle de la France (c'était l'étranger!) à l'ouest, celle de Genève au nord. Cette dernière faisait partie du duché, mais, devenue protestante, elle n'allait pas sans causer quelques problèmes au duc de Savoie dont le principe politique était: «Une foi, une loi, un roi.» Quelques colonnes de verre, les «simples», sculptées par Emmanuel Saulnier, semblent surgir du rocher qui sert de socle à la Tour. On dirait que le verre cherche la lumière. Les colonnes, remplies d'eau, semblent chanter. Elles sont comme un appel au Ciel. Merveilleuse transparence de cette création qui célèbre, dans un concert d'orgues silencieuses, la double appartenance de la Ville et fait remonter l'Histoire aux sources du monde minéral.

Palais de Justice: Le bâtiment est l'œuvre de l'architecte thononais Maurice Novarina.

Un 14 juillet, devant la préfecture. Le corps des chasseurs alpins du 27e BCA, basé à Cran-Gevrier, colle parfaitement à l'image de la ville.

Nous pénétrons ensuite dans le château. Le conservateur a installé dans le grand pèle, ou «salle chauffée», des statues du XVe et du XVIe siècles, originaires de Tarentaise et de Maurienne. Nous approchons d'une Vierge qui porte l'enfant Jésus sur son bras gauche, et non pas sur celui de droite comme le veut la tradition de la statuaire au Moyen Age. Anne prend plaisir à caresser la patine du bois tout en admirant la beauté du visage de la Vierge. Moi, je détourne le mien de celui de l'enfant qui exhibe une tête d'adulte (on ne savait pas le représenter à l'époque) pour observer, à l'autre bout de la salle, une statue de Saint-Jacques-de-Compostelle. Sur lui, la lumière des grands chemins. On dirait qu'il s'est arrêté et nous considère dans ses habits lustrés de poussière.

Ça sent l'encaustique. Le gardien passe la cireuse. En dehors du château, il pêche. Car le lac est le paradis des pêcheurs. Le lac et tous les torrents qui viennent s'y jeter.

On y trouve la brème, la féra, l'omble chevalier, très recherché pour sa chair savoureuse et délicate, la truite qu'on ne voit pas beaucoup, et surtout le brochet. Un jour, son beau-frère a pris un brochet de 1,28m:

- Dix-sept ils étaient pour le manger!

Cette incursion du quotidien dans un lieu ausi solennel me ravit. Déjà, le brochet s'échappe sur les lames du parquet. Voici qu'il frétille dans la lumière puis se perd dans l'ombre. Il appartient désormais à l'atmosphère de cette salle. Il est entré dans l'Histoire.

Bientôt, nous retrouvons la lumière de la cour intérieure et gagnons les terrasses: la vue est merveilleuse sur la ville et ses toits «coiffés de tuiles à écailles rouges et brunes». Cela fait un ensemble harmonieux inscrit aux Monuments historiques.

- Comme les écailles d'un poisson, commente Anne.

Je pense à la pluie quand elle ruisselle sur les toits. La ville

Annecy, ville d'Art et d'Histoire: En 1607, Antoine Favre de Pérouges, Saint-François-de-Sales, Honoré d'Urfé, et Claude Favre de Vaugelas créent l'Académie Florimontane. Le complexe nautique des Marquisat (à gauche), le canal du Thiou et les quais Napoléon III, embarcadère de la compagnie des bateaux, font partie du patrimoine annecien.

ressemble à un amoncellement de poissons fossilisés.
Le destin d'Annecy est décidément lié au cycle de l'eau, et les gouttes qui rebondissent sur le Thiou en minuscules gerbes d'argent chantent avec celles qui sont tombées en altitude sous la forme de flocons pour revenir vers la ville au cours de la fonte des neiges, en un concert de vagues parfois lourdes, parfois cristallines.
Les églises émergent comme des bateaux démâtés tandis qu'Anne poursuit:
- Ce sont toutes d'anciennes chapelles de couvent puisqu'Annecy était une ville très religieuse jusqu'à la Révolution française. On l'appelait la Rome Savoyarde.
Tendant son bras, elle énumère tout ce qui fait saillie:
- A gauche, la cathédrale, ancienne chapelle des Cordeliers. Elle date du XVIe siècle. Là, le clocher de l'église de Notre-Dame-de-Liesse. Ancienne collégiale Notre-Dame. La statue dorée qu'on aperçoit mesure 3,58m, pèse 1700 kilos. Elle est recouverte de 5000 feuilles d'or. Il s'agit d'une Vierge installée au début du siècle. En 1931, exactement. Ici, le clocher à dôme, clocher savoyard de l'église Saint-Maurice, la plus ancienne d'Annecy dédiée au Patron de la Savoie.
Poursuivant:
- Là, l'ancienne chapelle du couvent des Dominicains: XVe siècle. Puis la façade baroque de l'église Saint-François-de-Sales, première chapelle du couvent de la Visitation: milieu du XVIIe. Et juste derrière, la façade de l'Hôtel de Ville construit au milieu du siècle dernier: nous n'étions pas encore Français, nous étions Savoyards!
Poursuivant toujours:
- Là, les jardins de l'Europe, l'Avenue d'Albigny et le drapeau francais qui flotte au-dessus de la Préfecture.

Les lumières romantiques du Lac d'Annecy.

Dans les jardins de l'Europe, un parc à l'anglaise a été aménagé en 1863.

Enfin, juste derrière, nous avons la colline d'Annecy-le-Vieux, d'où la ville tire son nom. Parmi les habitants d'Annecy-le-Vieux, il y avait en effet, au Haut Moyen Age, un très riche personnage qui s'appelait Anicius: c'est lui qui a donné son nom à d'Annecy. Mais si on remonte plus loin, la famille des Anicii est d'origine romaine. Les habitants de notre ville viendraient-ils de là? Ce serait prestigieux!. Rome!
Un bref instant, Anne m'a oublié. Elle a clos sa période en laissant le nom de la cité latine en suspens, pour mieux doser son effet. Comme si elle s'adressait à un groupe de visiteurs. Je perçois dans le plaisir qu'elle a à commenter le paysage son goût pour le rythme de la syntaxe. Les phrases se succèdent régulièrement mais sans monotonie, pareilles à des vagues tranquilles apportant avec elles le souffle du large.
Elle me raconte encore qu'un jour, alors qu'elle a fini la visite du château, elle se retrouve seule avec les dames du groupe qu'elle guidait. Les hommes étaient restés autour du puits dans la cour intérieure. L'une d'elles, qui tenait un cabas, se retourna et constata en riant: «Oh, ils sont en train de mesurer le puits!» Anne se dirigea vers le groupe, intriguée. Au moment où elle s'approche, le cercle s'ouvre comme par enchantement, tous les visages se relèvent et un homme s'avance vers elle, serrant entre ses doigts le fil d'un pendule. Celui-ci venait de s'immobiliser. L'homme:
- Vous aviez raison. Le puits mesure bien 40 mètres de profondeur.
Anne me regarde avec un sourire qui en dit long.
Je prends quelques photos, notamment du Parmelan dont les alpages enneigés, au pied des falaises, incrustent l'éclat de leur blancheur entre le Logis Neuf et la Tour Perrière, juste au-dessus des sapins aux ramures vert sombre.
Nous sortons.

Le lac d'Annecy vu du Col de la Forclaz, base de départ des parapentistes. Entre le massif des Bauges et celui des Aravis, le lac d'Annecy, offre 37 km de rivages avec l'avancée du Roc de Chère classée réserve naturelle. Le lac d'Annecy peut se flatter d'avoir l'eau la plus pure d'Europe.

C'est alors que ma compagne me montre, juste à côté du château, le parvis d'une ancienne église. Depuis vingt ans, me dit-elle, qu'elle pratique son activité de guide, jamais elle n'a vu la porte s'ouvrir. Au même moment, voici que la clenche tourne. L'huis tourne sur ses gonds.

- Alain, regarde!

Anne m'a pris le bras. Elle roule des yeux où se lisent une stupeur et une curiosité insoutenables. Son petit nez pointu frémit. Une si longue attente! Elle va enfin savoir ce qui se cache derrière le vantail.

Une femme paraît, blonde et relativement jeune.

Malgré son trouble, Anne tente aussitôt de lier conversation. L'occasion est trop belle! La propriétaire de la demeure confirme que sa maison est bien bâtie sur le rocher qui tenait lieu de socle à l'église, à ses douze chapelles et à son cimetière. Anne, qui depuis longtemps a flairé l'insolite, sollicite avec une aisance naturelle remarquable quelques explications complémentaires. Mise en confiance, notre interlocutrice dont les yeux clairs pétillent d'intelligence et de charme, finit par lâcher dans un sourire pudique qu'un jour, elle a été obligée de changer de chambre tant il y a, dans ces lieux imprégnés de forte spiritualité et de mort, des ondes négatives qui viennent perturber le sommeil. Et d'évoquer des cauchemars peuplés de femmes affreuses dont elle percevait nettement le frôlement.

Anne est ravie. Elle aime ce genre d'histoires. Toutes deux discutent maintenant de ces phénomènes étranges qui peuplent notre existence et dont il faut se méfier.

- De l'eau bénite! conseille vivement Anne, tout excitée et en même temps affolée à l'idée qu'autour de nous et en nous continuent de rôder les âmes du passé.

Midi sonne au beffroi.

Je continue d'enregistrer, captivé par l'échange impromptu entre les deux femmes. Comme si cet instant n'avait eu d'autre but que de nous transporter

Annecy-le-Vieux (alt. 551 m): *Situation exceptionnelle de la ville sur les hauteurs de la baie d'Albigny jusqu'aux rives du lac où trône le centre des Congrès de l'Impérial Palace. Le clocher roman de l'église Saint-Laurent remonte au XIIe siècle.*

Annecy-le-Vieux, connue au IIe siècle sous le nom de Boutae, est tournée vers le futur avec son pôle universitaire et son Laboratoire de physique des particules.

L'Impérial Palace, ouvert en 1913, a toujours été le lieu de villégiature de nombreuses personnalités.

dans une autre dimension où la vie présente apparaîtrait tout à coup tellement fade et dérisoire. Avec beaucoup d'humour, la jeune femme nous fait remarquer qu'après tout, les ossements, crânes et tibias, s'ils font germer de drôles de rêves, n'en consituent pas moins un excellent engrais. Et Anne de renchérir:

- Votre glycine est effectivement superbe!

Maintenant, nous passons devant l'ancienne filature, devenue aujourd'hui un ensemble immobilier qui s'intègre parfairement au décor, puis nous franchissons la porte Sainte-Claire. Le soleil est froid et les rues de la vieille ville, si prisées l'été, entretiennent aujourd'hui, entre leurs murs épais, un courant d'air glacial.

Finalement, après un tour vers l'ancien lavoir, nous nous retrouvons devant le buste de Jean-Jacques Rousseau, dans le square qui porte son nom. C'est le jour de Pâques Fleuries (expression poétique désignant le dimanche des Rameaux) qu'il rencontra ici-même Madame de Warens. C'était en 1728. Il reviendra à Annecy à deux reprises: en 1729 et en 1730. Par la suite, il rejoindra aux Charmettes, près de Chambéry, celle qu'il appelait «maman» .

Le soleil, maintenant, bascule de l'autre côté du Semnoz. Les Prisons sont froides à cause de l'hiver, des murs bâtis en mollasse et patinés par le temps, des couloirs étroits coupés de portes de bois et donnant sur des cellules meublées de sinistres bas-flancs. Dans l'une d'elles, une lucarne munie de deux grilles donne sur l'eau et les quais. Anne se penche sous le lit et me montre la troisième qu'on y a glissée. Planté entre deux petits bras de rivière, le Palais de l'Ile porte bien son nom. On faisait passer les prisonniers par une porte d'eau au moyen d'une barque.

Au cours de la seconde guerre mondiale, elle servit de prison à la milice. Après les maquisards, ce sont les Allemands qui, à la Libération, y furent enfermés,

Le parc public de l'Impérial Palace et sa plage: Eugène Sue a terminé sa vie à deux cents mètres du lac près du petit port où il rédigea «Cornélia d'Alfy».

comme en témoigne une photo visible dans un des cachots. Une fois, Anne a aperçu une dame qui se promenait, seule, dans les bâtiments. Elle a reconnu madame Morel.

Nous terminons la journée en visitant les églises Saint-François et Saint-Maurice, puis la cathédrale.

La première est la préférée d'Anne. C'est ici qu'eurent lieu les fêtes de la béatification de Saint-François de-Sales. Aujourd'hui, ses reliques sont conservées à la Visitation. Au-dessus de l'ancien emplacement de la sépulture

L'aéroport de Meythet-Annecy.

pend son chapeau d'évêque (il fut évêque de Genève). Après sa mort, quand le chapeau se mettait à tourner, cela signifiait, disait-on, qu'un miracle allait se produire. Le corps fut enlevé à la Révolution. Depuis, quand il bouge, cela annonce une catastrophe.

Mais c'est dans l'église Saint-Maurice que nous vivons un dernier événement insolite, un de ces instants en apparence insignifiants mais qui se gravent dans notre mémoire et infléchissent insensiblement notre perception des choses. Dès qu'on pénètre dans le sanctuaire, on est frappé par l'architecture du chœur à l'autre bout de la longue nef: les murs montent en s'écartant vers la voûte comme pour lui donner plus d'ampleur. Ce mouvement est souligné par les deux piliers majestueux qui en marquent l'entrée. Vision inattendue, étrange, comme d'un autre monde, qui dérange autant qu'elle fascine: c'est comme un vaisseau dont la voilure, enflée par la tempête et tendue à rompre, tirerait de toutes ses forces sur la carène. Nous nous approchons maintenant du chœur. Anne me montre aussitôt la peinture murale en trompe-l'œil représentant la dépouille funèbre de Philibert de Monthoux qui fut conseiller des ducs de Savoie et de Bourgogne:

- Ce personnage-là n'est ni un gisant ni un squelette, c'est un transi. Et ce qu'il tient dans la main s'appelle un phylactère sur lequel figure l'inscription latine: «Terribilis est locus iste» («Ce lieu est terrible»). Autour de la dépouille, des moines. L'un, le visage tourné vers la droite, implore Dieu qui reste invisible, un autre se lamente, un autre encore, le visage tourné cette fois vers l'orient, semble plus distant et s'entretient avec un compagnon qui nous tourne le dos. Mon regard revient à gauche: le visage d'un moine est complètement masqué par son capuchon. Je fais remarquer à mon amie que le transi semble rire. Soudain, Anne me touche le bras:

- Regarde!

Située au sud-ouest de l'agglomération annecienne, Seynod s'étire au pied de la montagne du Semnoz. Cette ville très dynamique compte plus de sept cents entreprises installées sur plusieurs zones d'activités économiques de 130 ha. La vie culturelle y est également très active.

Une lumière éclaire le moine qui implore. Nous cherchons vivement d'où elle provient. Pas des projecteurs en tout cas. Voici que la lumière bouge. Elle illumine maintenant le moine qui pleure. Puis elle s'étend à l'ensemble des religieux tandis que le squelette continue de rire.

Je regarde le vitrail au-dessus du tympan. Le soleil a surgi au-dessus des toits de la Vieille Ville. Il a glissé dans la nef et flamboie une dernière fois avant de sombrer définitivement derrière les montagnes du Jura. Nous nous retournons vers la peinture murale. Les moines ont repris des couleurs livides.

En repassant devant le Palais de l'Ile, Anne le considère une nouvelle fois et ne peut s'empêcher de s'exclamer:

- Et dire qu'on a failli installer des douches publiques à la place!

Faverges: Vestiges de la villa gallo-romaine sur le site de Thovey.

L'église romane Saint-Jean-Baptiste et le vieux bourg.

***Giez** (alt 481 m):*
Ce village, classé monument historique, est surmonté d'un château appartenant à l'origine aux Seigneurs de Giez. On y trouve encore quelques vieilles fermes dont les avant-toits largement débordants sont typiques des Bauges.

Faverges *(alt 507 m): La ville, construite au pied du massif des Bauges, est dominée par un donjon du XIIIe siècle. Elle connaît une activité intense grâce à son parc industriel remarquable avec Staübli, S.T. Dupont, etc.*

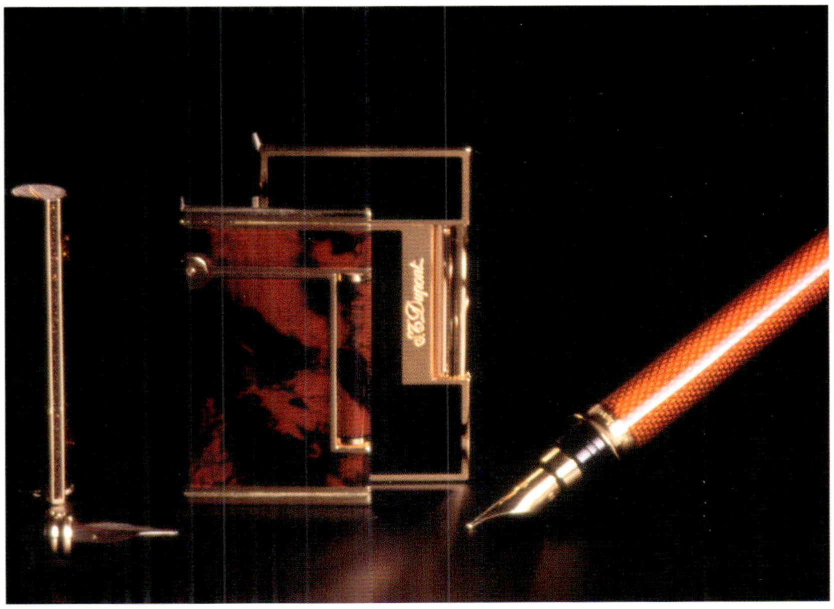

Briquets et stylos de S.T. Dupont, entreprise spécialisée dans la création et la fabrication d'objets de luxe.

Seythenex (alt 730 m): Au nord du massif des Bauges, Seythenex présente un site touristique avec grottes et cascades.
Une exposition sur le thème de la force de l'eau y est visible.

L'ALBANAIS

Noblesse de la campagne

L'automne n'a pas encore noyé l'Albanais dans l'ocre et le rouge. L'heure n'est pas venue des explosions de lumière sur la crête des coteaux, quand l'or des feuillages, presque liquide, se mêle aux brunâtres efflorescences de la terre.

Camille conduit. Il m'entraîne sur les routes sinueuses qui sillonnent le Clergeon. De temps en temps, nous traversons un hameau blotti dans un repli de la pente. Il me cite des noms de famille qui réveillent en moi le souvenir d'élèves que j'ai eus en classe. Du coup, derrière les murs de pierre silencieux, la vie prend forme, déroulant un cortège de coutumes ponctué de rires, de cris et de pleurs, un débordement d'activités régulièrement brisé par la mort, relancé par les naissances et les unions. Et le passé se dilue dans le présent. Comme les couleurs d'une saison dans celles de la suivante. A l'est, la vague blancheur du Mont-Blanc stagne sur les Aravis. La montagne semble lascive. Epuisée de chaleur. On attend un changement de temps. Comme par habitude.

A chaque fois que nous croisons un troupeau, Camille s'exasie:

- Regarde! Elles ne sont pas belles, ces vaches? Hein?

C'est à peine si elles nous jettent un regard. Quelques-unes déambulent, tranquilles, entre les flaques de lumière. Avec comme des rêves plein la tête. D'autres, tournées vers les montagnes, ruminent dans l'ombre des bosquets. Agitant de temps en temps l'oreille. Ou l'échine parcourue d'un long frisson. Ici, la montbéliarde constitue 98% du cheptel. Reconnaissable à ses taches rouges et blanches, elle a remplacé la tarine froment et l'abondance rouge à une époque où celles-ci étaient décimées par des épidémies de tuberculose. Il y a une bonne quarantaine d'années de cela. A partir de 1955 en effet, les négociants savoyards s'étaient tournés vers ces vaches originaires du Doubs qui réunissent de nombreuses qualités: rustiques, elles s'adaptent bien aux régions de montagne. De plus, elles produisent du lait en bonne quantité et de qualité fromageable. On fabrique, par exemple, la tomme de Savoie à Hauteville ou l'emmenthal de même appellation à Vallières.

Camille m'explique tout cela en observant amoureusement les bêtes réunies autour d'un buffet campagnard derrière leurs clôtures. Car lui aussi est originaire du Doubs. Vétérinaire, il a participé à leur implantation dans la région, multipliant les contacts avec les agriculteurs de Haute-Savoie et les éleveurs du Jura. Quand, en 1963, par hasard, il arrive dans l'Albanais pour s'associer à un confrère en place, il est tout de suite adopté. Les producteurs de lait qui se contentaient au début d'acheter leurs vaches apprennent désormais le métier d'éleveur. Camille est heureux: non seulement, il vit au contact des troupeaux, mais il découvre le paysan savoyard. Les bêtes et les hommes! Ça forme un humaniste. Surtout quand on est issu d'une famille de paysans comptant douze enfants, qu'on a été formé à l'école des Jésuites, qu'on a travaillé dur. En plus, il y

Abbaye de Tamié *(alt 907 m):*
Située à proximité du col de Tamié reliant la Savoie et la Haute-Savoie, l'abbaye de Tamié a été fondée en 1132 par des moines venus de Bonnevaux-en-Isère, avec l'aide des Comtes de Savoie. Construite sur une importante voie romaine, elle avait vocation d'hospitalité pour les voyageurs.
Les moines y observent toujours la règle de Saint-Benoît dont le chapitre 48 affirme : «Ils seront vraiment moines s'ils vivent du travail de leurs mains».

a la montagne. Et c'est un autre monde tout à coup qui s'ouvre. Un monde de vallées et de cimes. Et entre les deux, la vie pastorale des alpages. Tout de suite, il a le coup de foudre!

Il se tourne vers les prairies qui s'étendent en vagues lumineuses jusque vers les premiers contreforts des Préalpes:

Le fromage de Tamié est exclusivement fabriqué et affiné par les moines de l'abbaye.

Le clocher du XIIe siècle de l'église Sainte-Agathe vu de la halle au blé (1822).

La fontaine à col de cygne sur la place
l'Hôtel de vil

Le 23 mai 1630, les troupes françaises de Louis XIII ont assiégé Rumilly, place forte de la Maison de Savoie qui résista. Tableau de la reddition du peintre lyonnais Théodore Lavigne.

*Capitale de l'Albanais, **Rumilly** (alt 336 m) a été une étape importante sur la route Genève-Chambéry. Son agriculture prospère l'a fait considérer comme le grenier de l'Albanais. La ville est aujourd'hui un centre industriel moderne avec l'implantation d'entreprises, telles que Téfal, Nestlé, Salomon etc.*

- L'Albanais, c'est extraordinaire. Car d'ici on voit très loin. Et puis, le paysage est plus doux. Le regard n'est pas agressé par les parois.
On devine les méandres du Fier dans le vaste moutonnement des coteaux. Normal que les adeptes de la bicyclette se régalent en sillonnant la campagne, côtoyant tout à coup un ravin, s'enfonçant dans un bois pour sortir en face d'une montagne toute blanche, troublant à peine le sommeil des troupeaux, plongeant en suivant le tracé des sillons vers le bruit sauvage des torrents, entre couleurs et brouillards. Un véritable enchantement!

Camille arrête sa voiture à hauteur d'un paysan qui l'a aperçu et vient vers lui. Salutations. On échange quelques nouvelles.
- Qu'est-ce que tu fais de beau?
- J'engraisse les cochons, dit l'homme, appuyé sur des béquilles.
Quelques commentaires tandis que le moteur tourne. Enfin:
- On se voit samedi au Pont Coppet?
- Bien sûr.
Nouvelles salutations. Et nous nous éloignons.

Le pont Coppet est un ouvrage du XVIIe siècle qui enjambe le Fier entre Sales et Vallières. Ces deux communes ont décidé de le rénover pour sécuriser le passage de tous les amoureux du secteur: promeneurs, cyclistes, cavaliers. Et les autres. S'il est des endroits où la nature couve silencieusement le passé, où l'on croit surprendre des cris et des mots tendres dans le bruissement des feuillages, où les méandres de l'eau semblent refléter des processions, parfois des révoltes, où le soleil dépose une robe

Alby-sur-Chéran *(alt 399 m): Ce village des XVᵉ et XVIᵉ siècles, a été construit sur les rives du Chéran où de nombreuses tanneries ont utilisé les eaux du torrent.*

de mousseline sur la berge, tandis qu'une tache rouge s'allonge dans les graviers du soir, c'est bien ici, sur ce torrent qui descend des Aravis et passe sous l'arche discrète de la pierre, insérée elle-même dans la voûte des futaies. Et quand un vététiste franchit le pont, sans le savoir, il traverse le temps et projette dans l'avenir les splendeurs troubles de l'Histoire.

Je demande à Camille ce qui l'a poussé vers le métier de vétérinaire. Il sourit. Il sait parfaitement: il va parler de son existence et, à travers elle, du destin de chacun, de la chance, des opportunités qu'il faut savoir saisir, des impondérables, et puis du reste: de ce qui ne s'explique pas, de ces instants uniques qui restent gravés

Les arcades du XVIᵉ siècle abritaient les échoppes des marchands.

Alby-sur-Chéran était, en 1880, la capitale régionale de la corporation des cordonniers. Le musée de la cordonnerie relate l'histoire du bourg.

Place du Trophée. Après la réalisation d'un barrage sur le Chéran, à l'aval du Pont-Vieux, Alby-sur-Chéran est devenue en 1885 la deuxième ville du département à bénéficier de l'éclairage électrique.

dans la mémoire et déterminent l'avenir, de l'enfance où finalement tout se joue.
Tout en continuant de conduire, il explique:
- Quand j'étais gosse, j'allais régulièrement aux comices agricoles, ces foires où l'on exposait et primait les animaux. J'étais impressionné par les personnalités qu'on y voyait: il y avait toujours le vétérinaire et les politiques. Parmi eux, le conseiller général.
Du coup, il veut être vétérinaire. Sa chance? Un vieux curé qui a convaincu ses parents de lui faire faire des études. C'est le seul des enfants qui poursuivra l'école. Et Camille s'est retrouvé chez les Jésuites.
Il me raconte tout cela en laissant traîner son regard sur les champs qu'il a si souvent arpentés. L'enseignement des jésuites, ce fut sa deuxième chance.
- On formait des équipes de six ou sept élèves dans la classe, chacune avait un chef et on faisait le tour de France: chaque samedi, les professeurs pointaient sur la carte de France le lieu où l'on se trouvait en fonction des résultats que chaque équipe avait obtenus dans les différentes matières.
Les élèves étaient obligés de travailler sous peine de se faire attraper par le chef et les autres membres de l'équipe. L'émulation par la compétition.

Tandis que les arbres défilent paresseusement devant le pare-brise, je pense à ma propre enfance. A la carte de France truffée de prises électriques dans lesquelles il fallait enfoncer des fiches pour déterminer les départements et leurs chefs-lieux. Quand l'ampoule s'allumait, on exultait intérieurement. Aller au bout sans se tromper! Un vrai défi. Faire en sorte que l'ampoule s'allume encore et encore. Que la lumière soit! Il devait faire beau partout sur la France! Le soleil brille sur la Loire, dans le Var, même du côté de Roubaix. On avait tout à perdre en se trompant: sa fierté. Je me rappelle: je devais écrire au tableau «MÉDITERRANÉE» sans faute. Pendant qu'un des élèves faisait à toute vitesse le tour de la classe. Moi, je m'escrimais avec les R et les N. Il m'a touché avant que j'aie pu en venir à bout. Je retournai à ma place, penaud. Déterminé à ne plus me laisser prendre. C'est comme ça que je suis devenu prof. Pour faire jouer les autres. Et leur faire écrire: «ALBANAIS» et les montagnes de Savoie sans faute. Leur dire qu'elles existent en herbe et en roc et qu'on n'a pas le droit d'ignorer tant de beauté.

Camille a arrêté sa voiture. Il me montre une vache dont les naseaux exhibent un anneau de fer.
- Ce n'est pas de la coquetterie, plaisante-t-il, c'est pour l'empêcher de piquer le lait à ses congénères.
La vache nous regarde, impassible.

Maintenant, nous dépassons un verger recouvert d'un vaste filet blanc destiné à protéger les fruits de la grêle. Le blanc n'est pas très esthétique, le vert s'intègrerait mieux au paysage. Le problème, c'est que le vert laisse mal passer la lumière: du coup, les fruits n'ayant pas la même teneur en sucre, y perdraient en qualité. Les fruits de l'Albanais: pommes et poires. Dans certains lieux, un panneau indique qu'on peut les ramasser à la ferme.
Nous parlons des contraintes qui pèsent sur les exploitants. Sur «le dur et beau métier de la terre». Puis du tabac. C'est une culture qu'on a pratiquement abandonnée car elle exige beaucoup de main-d'oeuvre. Il faut planter, sarcler à la main, écimer. C'est un travail manuel permanent. Or, il est difficile de trouver aujourd'hui du personnel. Du coup, l'exploitation n'est plus rentable.

Nous longeons un champ de maïs. Le maïs fait partie des nouvelles cultures de l'Abanais. Broyé, il sert d'aliment au bétail. L'automne a commencé à dorer les feuilles. Je m'exclame:
- C'est beau!
- Ah, tu trouves, toi?

Ben oui. Pour moi, ça fait des hampes, avec des feuilles qui partent dans tous les sens comme des flammes. A les voir on en sent presque la palpitation rêche dans la paume. Et puis ça se recroqueville, ça sèche, ça se mêle aux autres feuilles des arbres ou aux châtaignes. Le champ disparaît parfois dans la brume, parfois il brille sous le ciel bleu ou incendie le milieu des prairies. Un champ de maïs, ça vit, ça meurt, c'est un champ d'automne avec ses grappes dorées comme des fruits offerts au promeneur. On a envie de mordre dans les grains qui glissent sous les doigts, de les faire griller. Un champ de maïs, ça parle aux sens, à l'âme, on a envie de s'y enfouir, d'y enfouir ce qui a grandi trop vite en nous.

Camille a enchaîné:
- Je suis bien content de te l'entendre dire.
Sauf qu'il ne partage absolument pas mon point de vue. De toute évidence, entre lui et le maïs, le courant ne passe pas. Sa sensibilité de paysan est prise en défaut. Il revient pourtant à la charge en s'esclaffant sur un ton convaincu:
- Quand il est coupé, c'est une catastrophe!
Je campe sur mes positions. Il n'en revient pas et insiste, presque hilare:
- Mais regarde les feuilles!
Pour se défendre aussitôt:
- Je ne cherche pas à te convaincre!
Sa bonne humeur me plaît. Sa franchise rondouillarde. Nous rions.
Pour moi, le maïs fait partie du paysage campagnard. J'aime sa rusticité, sa tête ébouriffée, l'élancement maladroit de ses membres. Un champ de maïs, ça ressemble à un bataillon de miséreux rassemblés en pleine nature, épaule contre épaule, vêtus d'oripeaux battant dans le vent, échevelés, mutilés. Foule immobile que le soleil soudain illumine dans un concert d'applaudissements. Grandeur baroque de la nature capable de faire de la laideur un miracle de beauté!
Et quand les hautes tiges ont disparu, qu'il ne reste qu'une terre hérissée de chaumes, je pense à toute la faune qui a déserté les lieux, au lièvre qui court maintenant dans la forêt, aux nids brisés, aux corbeaux qui vont se rassembler sur d'autres aires. Et c'est encore de la vie.
Camille hoche la tête, incrédule.

La route n'en finit pas. Moye est une commune particulièrement étendue. La plus étendue du canton avec près de 50 kilomètres de voirie. Le panorama est superbe sur les Alpes. Et varié! La forêt qui monte jusque sur la crête du Clergeon fait comme un rempart. Moye ressemble à un vaste chemin de ronde au-dessus de Rumilly et de l'Albanais.
- Moye, c'est l'Albanais profond.

Lovagny *(alt 523 m): Le château de Montrottier des XIIIe et XVIe siècles. Situé sur un belvédère, dominant la rivière du Fier, le château abrite de remarquables collections de meubles, faïences, armes et objets rares réunis par Léon Marès. Ce château a été reçu en legs par l'Académie Florimontane.*

Je taquine Camille: qu'est-ce qu'il entend par là? Chacun sait que Moye a gardé dans l'esprit de beaucoup l'image d'un pays resté à l'écart de la vie d'en bas. A l'écart du dynamisme et du modernisme. Tributaire de son enclavement mais gardant jalousement ses traditions. Même si l'on construit de plus en plus sur ses coteaux où l'on vient chercher le calme et la vue. Camille aime cette commune, parce qu'il en a parcouru les replis les plus secrets, parce que le monde paysan, il connaît. Il lâche comme pour défier toute raillerie, dans un rire franc où s'exprime une généreuse complicité avec ces hommes longtemps voués à une existence laborieuse:
- J'ai toujours aimé les gens simples, les gens vrais. J'ai vécu pendant trente ans avec des vaches et des vaches jour et nuit, j'ai travaillé comme c'est pas possible, je n'ai connu que des paysans, les contacts étaient rudes, c'étaient des gens qui ne regardaient pas au nombre d'heures, qui en bavaient.
Les hivers étaient rudes à cette époque. Camille parcourait souvent les champs dans la nuit. A pied. A cause des congères qui bloquaient la voiture. Et la vache était en train de vêler!
Quand on faisait appel à lui, c'était évidemment dans les moments difficiles:
- Donner 200 francs au véto, ce n'était pas rien. Surtout quand ça se passait mal!
Il garde de toutes ces années le souvenir du contact

physique avec la population des campagnes.
- Pour le vêlage, je devais enlever ma chemise. En hiver, l'éleveur allait m'en chercher une vieille à lui que la maîtresse de maison avait pris la précaution de réchauffer.
Une complicité d'au-delà la parole. En plus, les voisins venaient le voir quand il intervenait dans une ferme. On le retenait, on discutait.

Nous enfilons une petite route sinueuse qui gravit une colline. Soudain, nous débouchons sur un plateau, véritable balcon sur la vallée d'Albens. C'est son coin préféré. Au fond, une ferme à l'orée d'un bois. Devant nous, les Bauges et la trouée d'Allèves qu'emprunte le Chéran et qui mène au cœur du massif. On distingue l'érection calcaire des Tours Saint-Jacques au pied du Semnoz. Vaste panorama qui s'étend d'Annecy à Aix-les-Bains. L'heure est paisible. En bas, dans la vallée trépidante, l'autoroute file vers Chambéry pour pousser ses tentacules vers Lyon, Grenoble, Albertville. Ici, c'est un autre monde. On entend murmurer la terre. Au printemps, les vergers en fleurs illuminent la pente. La Haute-Savoie vit de ces constrastes, elle tisse le fil invisible qui unit les terroirs, un fil harmonieux. Notre regard embrasse toute une mosaïque de verts: des tendres, des foncés, des presque bleus, des presque noirs, des sucrés, des pulpeux, tous délimités par des bourrelets de végétation sombre ou coupés par des ravins.
- Même si c'est un handicap pour l'exploitation, l'avantage pour les paysages de l'Albanais c'est qu'il n'y a pas eu de remembrement. Les paysans tiennent à garder leurs terrains car la construction étant en pleine expansion, ils prennent une valeur toujours plus grande.

Nous redescendons maintenant sur Rumilly. Nous sommes au cœur de l'Albanais. Ici, l'agriculture marque de son empreinte le paysage urbain. A côté des tanneries, la maïserie. Un peu plus loin, cependant, se dresse l'usine Nestlé. Plus loin encore, on trouve Téfal: une ville dans la ville. Vers la campagne enfin, la structure moderne de Salomon. Mais Rumilly, c'est aussi, contre toute attente, le pays du rugby. Ce sport a donné une véritable identité et rassemble des milliers de fidèles à la grand messe du dimanche dans le petit stade dominant le Chéran. Curieusement, c'est encore un homme venu du Jura, Jo Pointelin, qui a pris en main l'équipe et qui, à force de travail et avec le soutien de Téfal, l'a propulsée sous les feux des projecteurs. Finalement, l'ascension magistrale de l'équipe n'est pas le fruit du hasard et reflète l'esprit d'une région fondé à la fois sur l'attachement à un terroir (la cohésion du groupe reposait en grande partie sur son appartenance à l'Albanais) et la volonté de le faire valoir au plus haut niveau en exploitant au mieux les apports extérieurs: n'est-ce pas cette démarche qui a construit le succès de Téfal?

La barrière de nuages avance au-dessus du Clergeon. Le ciel s'assombrit par endroit. Les alpages perdent de temps en temps leur couleur. Puis une éclaircie vient balayer la mauvaise humeur et l'herbe verte retrouve son éclat.
- Regarde cette vache, fait Camille en stoppant sa voiture devant un troupeau paisible. Elle est mal attachée. Elle a les trayons biscornus. C'est pas facile à traire.
Il en parle non pas en professionnel mais en amoureux. Il ne peut pas se passer des vaches. A croire qu'aux

Allèves *(alt 636 m): Le Pont de l'Abîme, construit en 1887, surplombe de 100 m les eaux du Chéran. Au loin, les aiguilles rocheuses des Tours Saint-Jacques (991 m) semblent le surveiller.*

Nonglard *(alt 517 m): Le village conserve cette lanterne des morts érigée après la peste de 1630.*

Lovagny *(alt 523 m): Gorges du Fier : le torrent a creusé d'impressionnantes gorges aménagées en 1869 par l'architecte Marius Vallin pour être visitées sur une passerelle à 27 mètres de hauteur. A l'une des extrémités, un belvédère permet de découvrir la mer de rochers, amas chaotique au fond duquel le Fier se fraie un passage et rejoindra plus tard le Rhône.*

comices agricoles de son enfance, ce sont elles, plus que les discours du vétérinaire et du conseiller général, qui ont déterminé sa vocation.
- C'est un animal extra.
Et avec le franc-parler de celui qui a longtemps vécu avec les bêtes:
- Moins con que le cheval.
Je prends une mine interloquée. Comment ça?
- Le cheval a plus de mémoire que d'intelligence. Avec la vache, le contact est différent.
En fait, ce sont des choses qui ne s'expliquent pas. Mais se vivent. Simplement.

Et Camille d'évoquer les paysans qui connaissent chacune des vaches composant leurs troupeaux, quand ceux-ci comptent 20 à 30 têtes.
- Pour faire un bon croisement, ajoute-t-il, il faut faire un travail de sélection, trouver le bon géniteur et obtenir la bête qui donnera un maximum de lait, dont la mamelle aura une bonne attache, etc. C'est tout un travail de patience, tout des calculs. Et quand on a réussi à faire le bon produit, c'est comme un bon élève, il s'en va.

Nous avions prévu à l'origine de bavarder tout en nous promenant sur les hauteurs du Clergeon qui culmine à un peu plus de mille mètres et offre des points de vue magnifiques sur les montagnes boisées du Grand Colombier et de la Dent du Chat. Se glissant entre les deux, le Rhône quitte majestueusement les Alpes en faisant longtemps briller ses eaux avant de disparaître au pied du Bugey. Au sud, la perspective est merveilleuse sur le lac du Bourget: autre région, autres richesses! Nous nous serions promenés à la frontière de deux mondes dans une carriole à la Daudet. Puis nous nous serions arrêtés dans un champ. Comme le sous-préfet. Mais sans répéter de discours. En conversant simplement au coeur de la campagne.

Mais il y a l'agenda du conseiller et les rendez-vous qu'il distille. Au lieu du cheval, la voiture. Et déjà, nous entrons dans Rumilly, véritable cité des fleurs, laissant derrière nous les montbéliardes qui mâchonnent l'herbe, dans leur monde à elles, sagement ignorantes. ◆

Le Mont Salève

La montagne sans frontières

- On a tout inventé ici: la géologie, par exemple. André Charpin me montre, en face de nous, le massif des Bornes exhibant une succession d'anticlinaux et de synclinaux tandis que sur la gauche se dandinent sous un soleil radieux, un soleil de noces, le genre de soleil qu'on ne peut voir qu'au sommet du Salève, les montagnes charriées du Chablais. En même temps, il pointe son doigt sur la table d'orientation où des couches coloriées sur trois panneaux indiquent les différentes étapes de formation des massifs.

- C'est la première montagne étudiée par les géologues. On a pu démontrer, entre autre, que les strates sont d'origine marine.

Nous gravissons une butte herbeuse pour découvrir, à l'ouest, le Jura. Montrant le plateau qui s'étend à perte de vue, notre compagnon commente:

- Il tient plus des montagnes du Jura, d'ailleurs, que des Préalpes.

Nous nous promenons sur les vastes alpages ceinturés de forêts qui ornent la partie sommitale du Salève.

Cependant que le Mont-Blanc étincelle. Et de chaque côté, des coulées blanches immobiles. Comme distendues par la lumière, repoussant sans fin une horde de silhouettes silencieuses venues du bout du monde. Pareilles à un pélerinage progressant interminablement sur le fil sombre du vaste horizon. De la Dent d'Oche au Colombier d'Aillon.

Je ne cesse de murmurer, enthousiaste:

- C'est magnifique.

Tâchant de donner aux syllabes leur poids de magnificence.

Malgré les louanges que répandaient un grand nombre de mes amis sur cette montagne en forme de taupinière, j'en avais toujours retardé la visite. Maintenant, j'ouvre grand les yeux. Comme pour les remplir de toute cette vie miraculeuse qui s'agite dans l'espace bleuté. Tant de cimes, et tant de tensions, de soulèvements, de découragements, de bonheurs. Tous ces faux-semblants au milieu du ciel. Je respire la douceur de l'air. Sur mes épaules, une brise folâtre. Le maire me cite les noms des sommets, du nord au sud. Parfois je le devance. Puis je reviens au Môle.

- Il jouit d'une belle réputation aussi, notamment chez les Suisses.

Je le sens contrarié:

- Oui, mais le Salève, c'est le premier barrage, alors que le Môle, c'est le début des Alpes.

En gros, le Môle se fond dans la masse, tandis que le Salève, isolé, rayonne de toute sa splendeur sur le massif alpin. D'ailleurs, les Alpes sans le Salève, ça serait un peu comme un immense gâteau d'anniversaire sans bougies, une cathédrale sans trésor, un continent sans île. Justement:

- Le Salève, continue-t-il, c'est une île posée au milieu de paysages plats. Plus excentré que le Môle... qui a une grosse réputation, il est vrai.

A mon avis, le Môle l'agace. Il faudrait que la brume de beau temps qui stagne sur le relief l'efface de notre champ de vision. Le noie. Alors, il ne resterait plus que le Salève et les Alpes.

- On a inventé la botanique au Salève, renchérit le maire. On trouve ici pratiquement la moitié de la flore savoyarde.

Et de citer en particulier le crocus, la gentiane jaune, la carline, une espèce de chardon que les gens ramassent pour en faire des bouquets secs, le lys-martagon, l'orchis vanillé, l'ancolie, la campanule, le colchique, le cyclamen et le fameux sabot de Vénus qu'on trouve dans les parties plus basses de la montagne. Ces fleurs sont protégées. D'ailleurs, un syndicat intercommunal, le Syndicat du Salève, récemment constitué et regroupant toutes les communes de la montagne (15 en tout), forme deux projets essentiels. Le premier consiste à établir une directive paysagère pour défendre les paysages du Salève en le protégeant de l'urbanisme, notamment dans sa partie sommitale. Une façon de préserver les points de vue. Il se propose également d'aménager des parkings et d'entretenir les sentiers.

Le second consiste à créer une Maison du Salève, centre d'initiation à la découverte de ses richesses: géologie et flore en particulier. Cette directive est une des premières en France avec celles de Chartres et du Vaucluse. Etablie à la demande conjointe des élus et de l'administration.

- Les PLU peuvent toujours changer quand on change de municipalité. Tandis que la Directive Paysage est un décret pris en Conseil d'Etat et signé par le ministre de l'Environnement. La valeur est beaucoup plus forte dans le temps.

Il considère les alpages:

- Il faut rendre hommage à tous les maires qui, au début du siècle, ont fait en sorte que tout ça ne soit pas une muraille de Chine avec des immeubles sur toute la longueur.

André Charpin, qui était professeur de Sciences naturelles à La Roche sur Foron, n'est pas peu fier de sa commune où il s'est installé en 1973.

Mon regard suit un moment le ruban d'asphalte qui passe devant les Treize-Arbres et file entre les alpages. Il fait partie des quatre voies d'accès au Salève, celles-ci correspondant aux quatre points cardinaux. L'une vient de Monnetier au nord et sépare le Petit Salève du Grand Salève; une autre vient de Cruseilles au sud, la troisième de Collonges à l'ouest, la dernière de la Muraz à l'est. Ces routes se rencontrent au hameau bien nommé «la Croisette», situé sur un affaissement de la montagne un peu au nord du Grand Piton qui culmine à 1375 mètres.

Nous revenons aux voitures. Un homme et une femme vêtus de shorts et de tee-shirts blancs terminent de lacer leurs chaussures. Ils se redressent en nous voyant et nous demandent de leur préciser le point de départ du chemin qui fait le tour de la montagne. On les devine sportifs. Gourmands de soleil. A l'idée qu'ils vont mordre dans le Salève, fouler ses buissons, se griser de ses pentes et de ses parois, sentir jouer dans leurs muscles la souplesse des gazons et la dureté de la pierre, mêler leur sueur à la sueur des hauts arbres et des rochers, je les envie. La montagne m'a séduit.

Après quelques kilomètres en voiture à travers alpages et forêts, nous nous dirigeons vers la Tour Bastian en déambulant, à pied cette fois, entre les

Ce massif boisé est le paradis des parapentistes, des randonneurs et des amoureux de la nature. Sur l'horizon se profilent les monts du Jura et la ville de Genève.

Le téléphérique du Salève a été mis en service le 7 août 1932. Il prenait la succession d'un chemin de fer à crémaillère qui, construit en 1891, constituait une première mondiale.

Le Mont Sion (alt 786 m) - Ancienne voie romaine sur l'axe Genève-Annecy. Les voyageurs étaient accueillis par les Chartreux de l'abbaye de Pomier.

lapiaz. Robert, armé de son équipement photographique, s'écarte de temps en temps pour mitrailler le Salève. «Son» Salève. C'est lui le premier qui m'a vanté les vertus de la montagne. Tout en continuant de discuter avec le maire, je l'observe en train de capter sur la pellicule l'air, la lumière, la couleur. Comme s'il voulait faire rendre à la brume, qui enveloppe toute chose, les formes qu'elle éclipse. Jaloux du regard qui surprendrait un effet rare. Un des secrets dérobés à la mémoire du secteur.
Surtout si ce regard est suisse, sacredieu!

Nous sortons de l'ombre des derniers épicéas, l'arbre le plus «brouillon» qui soit selon le mot d'un éminent botaniste et qui s'adapte parfaitement à l'altitude. Parmi les autres arbres dont certains ont été plantés (au XIXe siècle notamment), citons le hêtre ou fayard, arbre type de nos montagnes,le sorbier, le frêne et le chêne.

Nous atteignons un panneau indiquant plusieurs sentiers. De nombreux chemins sillonnent en effet le plateau ou partent à l'assaut des falaises. C'est le cas de celui qui remonte la Grande Gorge. On peut accéder également au sommet par le téléphérique du Pas de l'Echelle qui date d'avant-guerre et a

C'est ici qu'a été inventé le mot «Varapper» - grimper. La chute d'un varappeur amena Charles-Moïse Briquet à provoquer la création de la Société des sauveteurs volontaires du Salève en 1887.

Le Salève *(alt 1379 m): Le Mont-Salève est le conservatoire naturel d'une flore et d'une faune alpines très riches. Cette montagne fut la première étudiée dès le XVIII*[e] *siècle par Horace Bénédict de Saussure, naturaliste genevois.*

remplacé alors le train à crémaillère de 1892.

André Charpin:
- Le premier train à crémaillère au monde a vu le jour au Salève.

Le Salève est décidément le centre de l'univers! Même la varappe a vu le jour dans les parois de la montagne! Les alpinistes ont en effet inventé le mot à partir d'un couloir qui entaille le rocher dans les à-pics dominant Genève. Justement, le Genevois Félix Genecan, dit «Tricouni», est la figure légendaire du Salève dans lequel il ouvrira quelques voies. Varappeur et alpiniste, il est surtout l'inventeur des clous, appelés tricounis (et ancêtres des crampons), qui permettent la progression à la fois sur le rocher et la glace.
Outre la grimpe et la randonnée, le Salève favorise la pratique de nombreuses activités sportives. En hiver, les enfants peuvent faire du ski alpin grâce à la petite remontée de La Croisette. De même le relief se prête au ski de fond et à la raquette. Il est vrai que ces dernières années, la neige est de plus en plus rare et de moins en moins bonne.
Le delta-plane s'est également distingué en son temps: à se demander d'ailleurs si on ne l'a pas inventé sur les pentes du Salève! Puis est venue l'ère du parapente. Et à chaque fois, la montagne a prêté ses flancs aux décollages les plus audacieux. Sans compter l'aéromodélisme. Le site à cet égard est exceptionnel (comment pourrait-il en être autrement?). D'ailleurs, pas loin de nous, un homme manipule un avion. Celui-ci tournoie dans le ciel bleu. Un ciel bleu de Salève. Ballotté entre les courants savoyards et genevois.

Genève! Mot capital! Car enfin, si le Salève est devenu un terrain d'études et de loisirs aussi privilégié, c'est bien parce que la cité était à l'époque une véritable

***Archamps** (alt 535 m): Commune agricole au pied du Salève, tournée vers le futur avec l'implantation du Business Park. Elle est situé en zone franche frontalière.*

Business Park: On y trouve un concentré d'entreprises aux technologies de pointe. L'Institut européen de management, le Centre universitaire et de recherches mais aussi l'antenne de France 3 Léman et le multiplex - centre commercial Gaumont.

Reignier *(alt 407 m): Le dolmen de la Pierre aux Fées, près du hameau de Saint-Ange, est classé monument historique. Cette table de granit de 4,90m sur 4,50 m peut être daté d'environ 3000 ans.*

Saint-Cergues *(alt 615 m): Au pied de la montagne des Voirons, ce village possède l'un des temoins les plus anciens d'une occupation humaine. Le dolmen, composé d'une dalle partagée en deux, repose sur six blocs de granit d'origine glaciaire.*

Allonzier-La-Caille: Pont de la Caille

Jeté sur les gorges du torrent des Usses, le pont suspendu Charles-Albert de Sardaigne appelé «Pont de la Caille», il a été édifié en 1838. Un deuxième ouvrage, posé sur une arche unique de 139 mètres, a été construit en 1929. A l'époque, une première mondiale.

capitale intellectuelle. Dès le XVIIe siècle, géologues, botanistes, préhistoriens, tous vinrent étudier la montagne. On n'était alors ni en France ni en Suisse, mais en Savoie dont certaines parties dépendaient du roi de Sardaigne. Et cela facilita la présence helvétique dans ce petit bout de pays. D'ailleurs, c'est à Monnetier-Mornex, précise André Charpin, qu'a été créée la Société helvétique des sciences naturelles, devenue aujourd'hui Académie suisse des sciences. C'est encore à Monnetier qu'on a bâti au siècle dernier de somptueux hôtels, aujourd'hui fermés. Le Salève était alors considéré comme une station climatique. Des célébrités y ont séjourné: les compositeurs Wagner, Verdi, Liszt (on faisait venir au premier de l'eau de Saint-Gervais afin qu'il reste là pour prendre ses bains; quant au second, il s'est marié à Collonges); les peintres Corot et Courbet, les écrivains et les poètes Bordeaux, Gauthier, Rousseau, Ruskin et Shelley, Coppée et Lamartine, sans oublier l'incontournable naturaliste et physicien suisse Horace-Bénédict de Saussure. Sur le plan religieux, le protestantisme est très présent. C'est vers 1850-1860 que s'est implantée une

Cruseilles (alt 783 m): *Située à l'extrémité sud du Salève, c'est une ville dynamique avec une soixantaine d'artisans et un lycée agricole. Elle possède une base de loisirs dans le parc des Dronières. Cruseilles est la patrie de l'académicien Louis Armand.*

colonie de protestants. Ceux-ci ont attiré des confédérés en même temps que des habitants de La Rochelle et d'Alsace. Dans une commune comme Monnetier-Mornex qui affiche 1800 habitants, on ne compte pas moins de cinq lieux de culte!

Sans transition, je demande à qui sont les alpages.

- A nos voisins genevois pour la plupart. Et c'est bien que l'activité pastorale perdure. C'est une façon d'entretenir les pelouses et d'éviter qu'elles ne soient envahies par les arbres.

Et par les promoteurs! On comprend rapidement la nécessité d'anticiper sur ces rapaces aux ailes lestées de billets de banque, car même si le grand frein aux projets immobiliers sur le Salève, c'est l'absence d'eau, certains sont prêts à la faire monter en échange de quelques hectares de terrain. Des projets fantaisistes dont le maire ne veut pas entendre parler.

Aujourd'hui, on ne trouve de l'eau qu'à la Croisette. Pour des raisons de sécurité essentiellement: en cas d'incendie, les pompiers doivent pouvoir intervenir efficacement. Des tuyaux d'adduction ont remplacé les camions citernes qui faisaient régulièrement la navette avec la vallée. Encore ceux-ci sont-ils toujours utilisés pour l'eau des bêtes. C'est ce que me confiera la serveuse de l'auberge où nous irons déjeuner: ce mois d'août étant particulièrement sec, les réserves sont épuisées et on attend impatiemment d'être ravitaillé.

Le maire précise que beaucoup de résidences secondaires appartiennent aux Genevois:

- Une bonne famille genevoise, vieille d'un siècle ou deux, possède nécessairement un chalet au Salève, soit en bas, soit en haut.

Finalement, le Salève est plus suisse que français. Il n'est qu'à regarder la plaine depuis le Grand Piton pour s'en convaincre. Traversée par l'autoroute qui file comme un serpent entre champs et maisons, elle s'élargit comme pour mieux accueillir le Léman et la cité qui l'honore. On ne voit que Genève: les grandes artères, les immeubles, l'aéroport, le lac et son jet d'eau, le pont, les serres, la douane, etc... Autour, quelques villages français tentent de faire diversion.

- N'oublions pas que nous sommes en zone franche. Celle-ci date du rattachement de la Savoie à la France. Avec toutefois un régime particulier pour la zone frontalière dont les habitants pouvaient vendre leurs produits à Genève. A la suite de conflits, la zone fut réduite. Au point que la douane coupe des villages en deux. A la Muraz, par exemple, le Viaison fait office de frontière. Si bien que d'un côté, les paysans s'enrichissent en vendant leurs cochons à Lausanne tandis qu'en face, les autres tirent la langue. Dans le même village, deux niveaux d'économie. On imagine les querelles! Sans compter que le touriste français tombe

Chartreuse de Pomier: Fondée au XIIe siècle sur les flancs du Salève, l'abbaye a été un refuge pendant près de sept siècles de prospérité. Elle a accueilli voyageurs, soldats, pèlerins sur le chemin de Compostelle ainsi que des empereurs et des papes. Elle dépendait du diocèse de Genève. Aujourd'hui seule la porte monumentale de 1179 témoigne de sa prospérité ancienne.

Collonges-sous-Salève *(alt 650 m): A joué le rôle de porte d'entrée touristique vers le Salève au XIXe siècle. La façade de l'église porte deux médaillons: l'un rappelle les premiers vers d'un poème de Lamartine qui évoque une promenade sur le Salève. Le second évoque le mariage secret de Giuseppe Verdi avec la cantatrice Giuseppa Strepponi en l'église du village.*

Monnetier-Mornex *(alt 672 m): Maison Wagner*
L'intérêt pour la montagne du Salève remonte au XVIIIe siècle. Peintres, dessinateurs représentent ses paysages. Au XIXe siècle, toutes les célébrités y viennent pour des excursions. Ainsi Alphonse de Lamartine, Jean-Jacques Rousseau, Richard Wagner ou encore John Ruskin ont séjourné à Mornex.

parfois dans de «jolis pièges», comme ce bistrot qui se trouve sur le territoire suisse mais auquel on accède par la France. Combien de vacanciers, de retour d'un séjour à l'étranger et cédant à une ultime fantaisie, ont la désagréable surprise de recevoir une note salée qu'ils ont à peine de quoi régler!

Nous nous approchons des falaises. Elles font partie de ces lieux inévitablement marqués par des drames: accidents, meurtres, suicides. Le gouffre donne des idées. Il n'y a pas de beauté sans fleurs noires. On les devine qui poussent comme des croix dans l'abîme. Le vide, c'est le diable. Il n'y a pas pire tentation. On veut voir de près comment c'est fait. On se promène sur ses bords comme à la cassure du monde. Le regard s'y perd comme dans un puits.

André Charpin a pris congé de nous. il est attendu.

Attablés à la terrasse de l'auberge, nous sirotons un petit blanc pour accompagner une salade du pays. En face de nous, un couple de jeunes gens. Lui, vêtu avec décontraction. Elle, arborant une longue robe noire décolletée. A côté, quatre Suisses viennent d'arriver. Des vétérans. Avec casquette, chapeau de paille et tyrolien. Knickers et grosses chaussures. Armés de bâtons de marche. Buvant un verre avant d'entamer la randonnée qui démarre à quelques pas de là, juste après le bitume. Le couple s'est levé et discute avec une serveuse. Une brise flirte dans l'ombre des parasols. Notre pays est beau. C'est ce qu'on se dit. Tout en jetant un coup d'oeil vers les montagnes qui, au fil des heures, offrent des contours plus nets. Sortent de leur lumière blanche. Une lumière de cuisson. Le paysage entier s'est avancé sur le devant de la scène. Serein. Il s'abandonne au regard émerveillé des promeneurs. Les jeunes gens sont retournés à leur voiture. Les voici qui changent de tenue. Discrètement. Tandis que les Suisses, tout en palabrant, disparaissent dans le dos rond des alpages. Les tables se sont vidées.

Nous restons, Robert et moi, à parler de notre projet: exprimer la richesse de notre région à travers l'image et l'écriture. Vivre ces témoignages recueillis au fil de l'année comme une aventure émaillée de rencontres, de surprises, de bonheurs, de réflexions et d'émotions. Une aventure humaine. Vibrer secrètement des couleurs et des intonations qui les imprègnent et dans lesquelles nous reconnaissons le caractère du pays montagnard et son destin.

Soudain, le couple s'enfonce dans le petit bois derrière l'auberge. En tenue de sport cette fois. La jeune femme élégante s'est muée en baroudeuse. Elle porte un sac à dos aux couleurs fun: jaune et rose. On devine le volume et les formes du parapente.

En cette fin de saison, le Salève reste animé. Sans bruit. Chacun profite de son existence. Vole de ses propres ailes. Se grise de liberté. Sur une montagne sans frontière. ◆

Chaumont *(alt 606 m): Le château de Chaumont, du XIIe siècle, est un vestige du passé prestigieux de ce village médiéval. Situé sur les contreforts de la montagne du Vuache, sur la voie romaine qui reliait Vienne à l'Italie du Nord, le bourg constituait une étape sur le chemin de Compostelle.*

Cette forteresse, contrôlée par les Comtes de Genève, a été détruite en 1630 lors de la conquête de la Savoie par Louis XIII.

Le Château de Gaillard, devenu annexe de la mairie, est un lieu apprécié de manifestations culturelles.

Le principal axe sur la frontière franco-suisse, lieu de passage des travailleurs frontaliers.

Gaillard *(alt 420 m): Une cité frontalière, ville dynamique grâce à sa prestigieuse voisine Genève dont elle a parfois partagé l'histoire. Charles-Albert, roi de Piémont-Sardaigne, a créé la commune, en la séparant d'Ambilly par Lettres-Patentes du 3 août 1843. Gaillard accueille de très nombreuses activités culturelles et sportives internationales.*
En arrière plan, la rade de Genève, son célèbre jet d'eau et le Jura.

***Annemasse**: Hôtel de Ville datant de la période sarde. A la confluence de trois vallées, Annemasse, cité d'échanges avec Genève, est un pôle commercial situé sur un carrefour routier européen.*

L'aèrodrome: La proximité de Genève en fait une importante école de pilotage, la deuxième de France pour avions et hélicoptères.

Le centre-ville avec la place du marché et, au dessous, le complexe culturel polyvalent de Château-Rouge, à gauche, le centre nautique.

Le complexe Martin-Luther-King abrite les nombreuses associations annemassiennes et accueille de grandes manifestations commerciales et culturelles. Il est l'œuvre des architectes Serge et Marlyse Bicking et Bernard Lansard.

***Annemasse** et son agglomération (alt 433 m): Porte de France et de Genève, cette cité dynamique est également le centre culturel et économique du Genevois. En arrière plan, le lac Léman.*

L'activité vinicole de Ville-la-Grand demeure préservée. Les crûs de Carra et de Marsaz perpétuent sur 11 hectares les gouleyantes traditions du terroir partagé de part et d'autre de la frontière franco-suisse.

La ville a su négocier son orientation industrielle. Sur plus de 100 hectares, plusieurs zones concrétisent les mutations économiques de notre époque. En arrière-plan, la montagne des Voirons et l'aérodrome d'Annemasse.

Ville-la-Grand *(alt 440m): Au centre de la cité, l'église Saint-Mammès, berger martyr, érigée sur l'emplacement d'un temple dédié au culte du dieu Mars, le parc des Écureuils (Prix du plus beau jardin de Rhône-Alpes 2000) en bordure du Foron. A l'arrière plan, le Lac Léman et le Jura.*
Urbanisme de qualité, mise en valeur de la rivière, parcs et promenades, le citadin se sent encore ici villageois.
En décembre, la Foire au Bouilli mobilise toute la commune autour d'un événement désormais incontournable.

Douane de Bardonnex: La plate-forme douanière est le plus important nœud autoroutier d'Europe occidentale situé à la frontière franco-suisse.

La sous-préfecture de Saint-Julien-en-Genevois avec sa façade symétrique.

***Saint-Julien-en-Genevois** (alt 468 m) offre toutes les infrastructures d'une ville frontalière avec ses industries et son tissu culturel et sportif. Elle a connu un accroissement important du nombre de sa population*

Le Fort l'Ecluse, édifié à partir du XIIIe et modernisé à plusieurs reprises, protégeait le passage stratégique entre le Jura et les Alpes. Il était la sentinelle de la France face à la Savoie lorsque le Rhône faisait frontière.

Le clocher de l'église Saint-Martin construit au XVIIIe siècle d'Arcine-Clarafond, au pied de la montagne du Vuache. En contrebas, le Rhône.

Seyssel *(alt 252 m): Un seul nom pour deux communes que séparent les eaux du Rhône. La rive gauche du fleuve est en Haute-Savoie, la droite dans l'Ain. Les Romains remontaient le sel des salins du Midi jusqu'au site d'Albigny-Condion avant de traverser les Alpes. Un vignoble local produit la Roussette de Seyssel, vin blanc pétillant.*

Le pont à haubans de Seyssel d'une longueur de 220 m est suspendu à un pylône central de 55 m

Clermont *(alt 640m): Implanté autour d'une butte entre la vallée des Usses et celle de l'Albanais, le château de Clermont a été construit en 1575 par Monseigneur Gallois de Regard, évêque de Bagnoréa. Ce château d'influence Renaissance italienne est classé monument historique.*
Saint-François-de-Sales a reçu la tonsure dans la chapelle.
Restauré par le Conseil général, il abrite des collections d'objets religieux, d'outillage rural et donne lieu à de nombreux concerts et spectacles.

La Roche-sur-Foron

L'enclave historique

C'est toujours la même émotion quand, après avoir passé le col d'Evires, on descend vers la Roche-sur-Foron. L'Arve, issue du massif du Mont-Blanc, a creusé une large vallée entre les montagnes. On dirait une procession qui rentre d'une lointaine expédition: sur ses flots court, dans un ballet d'ombres et de lumières, l'éclat des glaciers mêlé à la nuit des grands pins. Elle coule avec une majesté nonchalante dans la plaine puis, dans un ample mouvement autour du Môle, s'infléchit vers Genève. Au sud, le massif des Bornes est dominé par la magnifique pyramide blanche du Jallouvre qui s'élance dans l'infini bleuté du ciel.

Je stoppe devant une maison qui semble coupée du monde, coincée entre des escarpements rocheux, masquée par une rangée de hauts arbres et barrée par un petit cours d'eau. Un petit coin de verdure propice à la méditation. C'est là que vit Gilbert Jond, historien, membre de l'Académie Florimontane, de la Société des Auteurs Savoyards et d'associations diverses. Pédagogue par nature, érudit pétri d'humanité, épicurien plein de sagesse, esprit vigoureux doublé d'une profonde humilité: l'honnête homme du XXIe siècle!

Il sort à ma rencontre, son éternel cigare à la bouche, le tricot tendu sur un ventre bien rond. On s'est à peine dit bonjour qu'il me montre le rocher planté sur son terrain.

- Il provient de la dernière glaciation qui a eu lieu entre soixante-dix mille et dix mille ans à peu près. Il y en a plein comme ça par ici. C'est le glacier du Borne qui les a apportés, de Sous-Dine et surtout d'Andey, à la limite des Aravis. Sous l'effet de la fonte, il se transforme en rivière et comme il n'a plus la force d'entraîner les blocs qu'il charrie, il les abandonne. Du moins les gros. Ceux qui font 80 à 100 mètres cubes. Et ce qui reste ici, ce sont les alternances de couches d'alluvions (gros cailloux, sable, etc. selon les périodes) déposés par le glacier et les rivières, l'Arve, le Borne et ses affluents. Quant aux autres, on en retrouve un peu partout, déposés selon leur taille au fil des eaux. C'est pourquoi on appelle l'endroit «la plaine des rocailles», une ancienne moraine qui s'étend sur une dizaine de kilomètres.

Et faisant avec son bras un geste circulaire:

- D'ailleurs, ce ne sont que des moraines par ici. Le col d'Evires est une moraine.

J'ai à peine le temps de me remettre de cet assaut d'explications qu'il poursuit:

- A cette époque, le glacier, qui provenait du massif du Mont-Blanc où il atteignait 1 800 mètres de haut, allait jusqu'à Genève et passait contre le Salève en ne laissant dépasser que les 300 mètres du sommet. Une autre branche allait jusqu'aux portes de Lyon.

Derrière le bloc dominé par un gros chêne, une échelle aménagée par les Résistants permet de se hisser à son sommet. De là, on pouvait guetter les mouvements dans la vallée. Aujourd'hui, on ne voit plus rien à cause des arbres.

L'Hôtel de ville de style sarde construit en 1841. La ville est le siège de nombreuses congrégations religieuses et d'enseignements privés. Dans la cité œuvre également l'Ecole nationale d'industrie laitière et des viandes.

Gilbert m'explique maintenant que le Môle s'est décollé du massif des Bornes, a glissé sur un sol d'argile et de marnes et s'est installé à sa place actuelle. Là-dessus, la montagne a été recouverte d'autres apports liés à la glaciation et aux différentes poussées de l'écorce terrrestre. Cependant, il a continué de s'élever à raison d'un centimètre par siècle (c'est encore le cas aujourd'hui), les nappes épousant ce mouvement d'ensemble.

Puis il a versé et les nappes sont parties plus loin, jusqu'en Suisse. C'est pourquoi on les appelle helvétiques ou ultra-helvétiques.

- De l'autre côté, vers les Aravis, c'est plus simple: on a des couches de calcaire plus ou moins inclinées, assez hautes (trois à quatre cents mètres) et homogènes (relativement dures comme l'urgonien), et qui sont restées pratiquement en place.

Devant la complexité du phénomène, Gilbert, tout en s'excusant de me faire la leçon, se réfère aux explications qu'il donnait à ses élèves:
- Je leur disais (et je le fabriquais parfois avec eux): Vous prenez un gâteau: du biscuit, une génoise par exemple. Dessus, vous mettez une couche de chocolat, desssus encore une couche de crème. Au sommet, on va placer des noisettes ou des berlingots pour représenter les rochers. Maintenant, j'incline le gâteau. Qu'est-ce qui se passe? Certaines couches vont glisser simplement, mais d'autres qui étaient dessus vont passer dessous. Donc, des morceaux auparavant jeunes vont devenir vieux. Et l'inverse: le chocolat qui était sous la crème va passer dessus. Toutes ces couches, c'est ce qu'on appelle les nappes de charriage, horizontales au départ, maintenant plissées. Et tout ça va se mélanger au cours des périodes d'érosion et de glaciation. Durant des milliers d'années.
J'imagine le regard des élèves rivé sur les noirs méandres de chocolat que parcourent des filets de crème blanche, truffés de cailloux craquants ou fondants, et épiant le moment où, la démonstration terminée, ils vont pouvoir engloutir, en un formidable raz-de-marée, le Chablais tout entier.
En rentrant chez eux, ils devaient donner à leur mère la recette du Môle et, sous prétexte de resservir à la famille la leçon de géologie, mettre eux-mêmes la main à la pâte pour vérifier à tout moment la consistance des nappes de chocolat, la fluidité de la crème et la saveur des noisettes.

Sonder l'âme d'un pays, c'est comme pratiquer la géologie. L'Histoire a déposé les hommes ici et là, comme des sédiments. Malgré nos différences, nous sommes indissolublement liés les uns aux autres. Au fond de nous, dans les abîmes insondables de l'inconscient, nous gardons les traces d'une identité parfaite. Comme la Terre à l'instant où elle fut conçue. L'âme d'un pays, c'est l'expression d'une communauté de pensée en mal d'être.

Gilbert n'a pas choisi l'exemple du gâteau par hasard. On le devine gourmand. Gourmand de tout. Et quand il incline sa main pour évoquer le glissement des nappes, on sent presque du reproche dans ses yeux en face d'un tel gâchis. Une gourmandise qu'il a toujours voulu faire partager: ainsi, quand il était professeur à l'Ecole Normale de Bonneville, il avait entrepris de faire découvrir les mutiples ressources de leur région aux futurs instituteurs, partant du principe que la connaissance du patrimoine est une base pédagogique essentielle. Un enseignement vivant, ancré dans la réalité. Efficace. Ainsi, celui-ci reposait parfois sur la gastronomie:
- Pendant plusieurs années, à l'époque des vendanges, on allait travailler à Ayse avec les instituteurs en recyclage ou ceux qui entraient. Comme on avait congé le jeudi et qu'on pouvait construire à peu près son emploi du temps, je prenais le mercredi: ça nous faisait deux jours. Je leur apprenais également à se renseigner sur l'endroit où ils seraient amenés à exercer, l'Histoire de leur commune par exemple. Dans les années 80 d'ailleurs, c'était devenu très à la mode, entre guillemets.

Gilbert ponctue souvent ses phrases par ces derniers mots: «entre guillemets». Est-ce une résurgence symbolique, à travers un tic de langage, de la situation longtemps enclavée du pays?

La Chapelle de la Bénite Fontaine, très ancien lieu de pèlerinage.
Ses eaux de source auraient des vertus curatives.

La Roche sur Foron *(alt 548 m): Au cœur de l'industrieuse Vallée de l'Arve, vue de la cité médiévale de La Roche-sur-Foron.*

1000 ans d'histoire: La Roche-sur-Foron surprend par la richesse de son patrimoine bâti. La cité représente le deuxième centre historique du département.

Les mesures à grains datant du XVIe siècle sont les plus grandes de France.

Les Comtes de Genève qui ont possédé la ville jusqu'en 1412, l'ont fortifiée et offert des franchises pour y développer le négoce. A l'époque, La Roche-sur-Foron était déjà célèbre pour ses foires et marchés.
Aujourd'hui, la Foire de la Haute-Savoie présente le salon international de la machine-outils et du décolletage.

La tour donjon des Comtes de Genève date du XIIe siècle.

Saint-Jeoire-en-Faucigny *(alt 588 m): Elle est construite au pied de la montagne du Môle, au confluent des torrents du Risse et du Giffre. Le point le plus bas du village se situe sur les rives du Giffre à 500 m d'altitude, le plus haut à 1863 m, au sommet du Môle.*
La Maison de la Mémoire organise de nombreuses expositions culturelles sur le patrimoine avec l'Ecomusée de Viuz-en-Sallaz.

Tour-clocher romane du XIIe siècle et église Saint-Georges néo-gothique construite en 1856.

Saint-Jeoire-en-Faucigny est la patrie de Germain Sommeiller, inventeur de la perforatrice à air comprimé qui permit dès 1862 le percement du tunnel du Mont-Cenis (73), première traversée souterraine transalpine.

Les stalles du XVe siècle sont classées. Les symboles évangéliques ont été décapités par les Bernois lors du pillage du Prieuré en 1589.

Peillonnex (alt 690 m): Notre-Dame-de-Peillonnex a été édifiée à la fin du XIIe siècle. Sous une voûte romane, l'église de l'ancien prieuré offre aux visiteurs l'un des plus beaux retables baroques construits sous le patronage de la Vierge Marie. Une série de médaillons en stuc représente la vie de la Vierge.

Contamines-sur-Arve *(alt 450 m): Très dynamique, avec un passé chargé d'histoire, ce bourg rural pratique la pluralité des activités entre industries, agriculture, et lycée agricole.*

Le prieuré, créé en 1083 par Guy de Faucigny, a servi jusqu'en 1268 pour la sépulture des Sires de Faucigny. En 1589, lors des guerres de la Réforme, les Bernois ont détruit l'église paroissiale. Le prieuré, récemment restauré, se caractérise par l'originalité de ses ouvertures représentatives du gothique perpendiculaire anglais. Le portail est du XIVe siècle.

Du coup, je tends plus vivement l'oreille, car je sais qu'il en va des guillemets comme des parenthèses: c'est toujours là qu'on y glisse le plus de sous-entendus. Veut-il dire ici que l'enseignement est souvent décalé par rapport à la réalité et qu'il se dépêche de rattraper le retard quand il en prend conscience? Mais il poursuit:

- Et même si l'anonymat des villes rend l'appréhension du patrimoine plus difficile, on peut toujours organiser des visites culturelles. En plus, rien n'empêche à un prof de français d'étudier une partie de la littérature à partir des gens qui ont vécu dans la cité. Prends, par exemple, Henri Bordeaux et Annecy: tu peux construire ton enseignement là-dessus.

Nous roulons vers La Roche pour visiter la fameuse tour qui surplombe la ville. Sur notre gauche, le Môle, pareil à une pâtisserie glacée, nappée en cet instant d'un léger coulis de framboise: le soleil glisse lentement derrière un soudain bourgeonnement de nuages cendrés. Le mauvais temps arrive. Déjà, des rafales de vent balaient la plaine. Gilbert m'explique qu'à Cornier, on peut voir une commanderie fondée au XIe siècle, un peu avant la Première Croisade, par les Hospitaliers de Saint-Jean de Jérusalem auxquels ont succédé, au début du XIIe, les Templiers.
- Quand ceux-ci seront exécutés, entre guillemets, par le roi français Philippe le Bel, une partie de leurs biens repassera aux Hospitaliers puis, au XVIe siècle, à l'Ordre des Chevaliers de Malte. Ce dernier durera jusqu'au XVIIIe siècle pour réapparaître dans les années 1960 mais avec un statut civil cette fois. Certains membres essaient de retrouver aujourd'hui l'emplacement de leurs anciennes possessions. Parfois, ils les reconnaissent aux chiffres secrets qu'ils possèdent. En gros, il y a un rapport entre les ouvertures, la hauteur, la largeur des murs, etc. Il y en avait un millier, peut-être plus chez nous. Leur maison-mère pour notre région est à Compesières, dans le canton de Genève. A Cornier, il s'agit donc d'une filiale. Deux autres se trouvaient à Passeirier et à La Roche. On peut en voir les restes aujourd'hui.

A l'entrée du château, sur la gauche, un bassin public. A partir du XIXe siècle, pour assurer plus d'hygiène dans les villes, on a commencé à en construire ainsi que des fontaines. Il y en avait une dizaine à La Roche. Cela permettait de faire la lessive. Car chez soi, on ne disposait de rien.
Nous gravissons les marches de la tour bâtie sur le rocher, à l'emplacement du donjon de l'ancien château des comtes de Genève. Un vent glacial nous fouette le visage. Je serre mon col. Gilbert, d'une main ferme, maintient la casquette sur sa tête. La vallée de l'Arve, si lumineuse tout à l'heure, est devenue sombre. Les montagnes sont enveloppées d'épais brouillards. Le Môle, écrasé par un nuage grisâtre, ressemble à une pâtisserie indigeste. La voie romaine qui venait d'Annecy passait sur les hauteurs, au pied des montagnes, par Annecy-le-Vieux, Aviernoz, Thorens, Orange, et sans doute Eteaux. Les routes qui furent construites ensuite conservèrent le même tracé, évitant ainsi de descendre dans la plaine souvent inondée. Gilbert me montre les châteaux de Saint-Laurent et de Saint-Pierre. Puis m'indique une partie des frontières du Genevois et du Faucigny. Je lui demande de m'en dire plus sur la présence des Sardes dans la région. Il me déclare que c'est relativement simple. J'en doute. Aussi, je me concentre sur les explications qu'il entame:
- La Maison de Savoie qui va éliminer successivement, soit par mariage, soit par argent ou encore par guerre, la maison du Faucigny et les comtes et évêques de Genève, a, dès l'origine, des possessions vers Suse et Turin. A l'ouest, elle est flanquée de la France qui est «un gros pays» (je me sens comme sur les bancs de l'école) et qui achète le Dauphiné en 1349. Du coup, elle devient frontière directe avec ce royaume. Donc, «ils» ne peuvent pas s'étendre de ce côté. D'autant plus que leur capitale, qui est d'abord Annecy puis Chambéry, est menacée. A l'est, la région est plus pauvre: elle est constituée essentiellement de montagnes. Ce n'est pas comme aujourd'hui: il n'y pas de ski ni de décolletage! La région riche, c'est donc le Piémont. Comme ils ont un pied là-bas, ils vont transférer leur capitale à Turin et ensuite se développer. Au cours des guerres en Europe, ils vont passer ducs en 1416, puis obtenir en 1713, après les défaites de Louis XIV, le titre convoité: ils deviennent rois de Sicile. Mais ce pays est riche. Les Européens leur enlèvent donc le titre en question pour le remplacer par celui de roi de Sardaigne, ce dernier pays étant pauvre. La Savoie devient ainsi, en 1718, royaume de Piémont-Sardaigne dans lequel le duché de Savoie, réparti en provinces, n'est qu'une petite partie. Ceci dit, c'est de l'autre côté que le pays se développe. Les familles sardes ou piémontaises vont donc souvent remplacer les fonctionnaires. Ce qui explique que ceux-ci, par la suite, seront issus davantage du Piémont que de la Savoie.

A nos pieds, l'ancien Collège Royal, transformé aujourd'hui en école primaire. En face, derrière un pâté de maisons, le château du Saix (saix voulant dire «rocher») dont le toit en tuiles exhibe de singulières croix bourguignonnes. Sur la droite, à l'autre angle du promontoire, le château de l'Echelle qui a appartenu un moment à un Américain.

Nous rentrons nous abriter dans la tour. Au centre, un large puits, profond d'une quarantaine de mètres.
- Le problème dans un château, c'est l'eau. La plupart du temps, on creusait un puits pour atteindre la nappe phréatique ou une source d'eau, en plus de l'eau de pluie qu'on récupérait.
Dans un cadre, une photo représente trois mesures à grains: elles datent de 1558 et sont situées tout près du château. Ce sont les plus grandes d'Europe. Je lis: 82 litres, 21 litres et 5 litres tandis que mon ami commente tout en illustrant ses explications par des gestes:
- Il y avait deux types de mesure: la mesure ras qui consistait à passer une règle pour mettre le grain de niveau avec la pierre et la mesure comble où le grain dépassait la pierre en affectant la forme d'un tas. On trouve les mêmes, d'ailleurs, au Vatican.
Un autre cadre évoque Guillaume Fichet, originaire du Petit-Bornand. C'est lui qui a introduit l'imprimerie en France en faisant installer, en 1469, le premier atelier de typographie. Il était recteur de la Sorbonne.
- Le système sarde avait confié l'enseignement du primaire et du secondaire à des laïcs alors que la France de Napoléon III avait donné, en 1852, l'essentiel de l'enseignement à des religieux. Quand ils sont arrivés ici, il y a eu de la bagarre. Quel collège devait rester: celui de La Roche ou celui de Bonneville? C'est le dernier qui l'a emporté. Ce qui explique que l'Empereur, quand il est venu faire un tour dans la région, s'est arrêté ici, mais uniquement pour changer les chevaux.

Nous rentrons maintenant vers Moussy. Il est trop tard aujourd'hui pour faire le tour des points de vue que Gilbert proposait à ses élèves lorsqu'il voulait leur faire découvrir le site de La Roche-sur-Foron: Bonneville, Reignier et le col d'Evires. Le Môle, ceinturé de forêts et coiffé d'alpages, veille sur la vallée tandis que le soir tombe en vagues tristes sur le relief. Vue de Genève, la montagne, qui doit son nom à sa forme massive, paraît plus pointue. Son destin est d'ailleurs lié au pays helvétique. En 1444, un peintre allemand, Konrad Witz, installé à Bâle, l'a peinte dans un tableau appelé

Le pont de l'Europe et la colonne Charles-Félix de Sardaigne.
Cette colonne a été érigée à la gloire du roi de Sardaigne pour commémorer les travaux d'endiguement réalisés par le souverain, suite à de fréquents débordements de l'Arve .

La maison des Têtes, dont la façade constitue l'unique exemple de baroque germanique, a été construite en 1731 par un Savoyard de retour au pays.

Bonneville *(alt.450 m): Sous-préfecture, ancienne capitale du Faucigny, à l'architecture marquée par l'histoire. Bonneville abrite l'IUFM et le lycée hôtelier François-Bise, un hôpital et une maison d'arrêt.*

Cluses (alt 484m): *Capitale mondiale du décolletage et de la micromécanique. La ville est traversée par l'Arve.*

L'hôtel de ville d'architecture sarde

Le décolletage: Ces pièces détachées entrent dans la fabrication de moteurs d'automobiles, d'avions et de fusées, ainsi que l'électronique d'horlogerie.

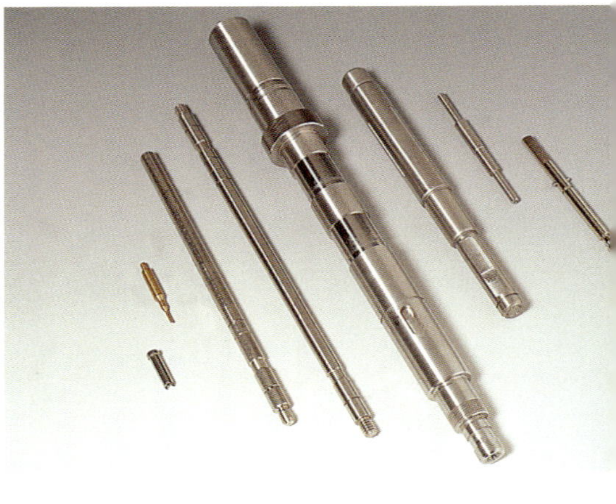

Au lycée Charles-Poncet, créé en 1848 par le gouvernement sarde, l'Ecole nationale d'horlogerie, a formé pendant plus de 150 ans les meilleurs spécialistes de l'horlogerie et de la micromécanique. En 1790, la ville comptait près de 500 horlogers.

Canal C: la municipalité a mis en place un réseau de télévision câblée dont les équipes de tournage couvrent les événements locaux et départementaux.

«La pêche miraculeuse», visible au musée d'Art et d'histoire de Genève. C'est la première représentation connue du sommet. Ceci dit, il faudra attendre le XVIIIe siècle pour voir des reproductions réellement fidèles des montagnes. Ce n'est pas tout: Genève est une ville très active, très moderne. Au XVIIIe siècle, précisément, on se met à attacher de l'importance à la nature. Elle est l'objet de nombreuses découvertes. Ainsi, la botanique et la géologie se développent. En même temps, la montagne devient moins hostile, moins affreuse; elle intrigue, excite la curiosité, éveille le désir. En 1842, Horace Bénédict de Saussure, le célèbre naturaliste et physicien suisse, fait l'ascension du Môle, dont l'intérêt sera surtout d'offrir une merveilleuse perspective sur le Mont-Blanc et de faire naître le rêve d'une conquête fabuleuse. L'alpinisme est né. Et la modeste montagne deviendra un lieu d'entraînement pour les premiers aventuriers.

Là, ils pourront se familiariser avec le site alpin avant de se lancer à l'assaut des itinéraires prestigieux de la haute altitude. Ne nous y trompons pas: le Môle, s'il paraît débonnaire quand on le contemple de La Roche, exhibe au nord de prodigieux escarpements. Et son arête, parcourue d'un sentier bien marqué l'été, est particulièrement effilée en hiver, conférant aux lieux la majesté des pics alpins.

Sur le côté de la route, une porcherie. Et Gilbert de commenter aussitôt: la grande époque des porcheries date de 1880-1890. Toujours candide, je demande pourquoi.

- Parce que l'agriculture se développe et avec elle, les fruitières, sortes de coopératives où différents

Musée de l'horlogerie et du décolletage. Situé dans la Maison Carpano, pionnier du décolletage, ce musée exceptionnel retrace l'historique industriel de la vallée de l'Arve et présente des chefs d'œuvres de «l'Ecole d'horlo». Au XVIIIe siècle, la vallée ne vivait que de l'agriculture. Les hivers, très longs, obligeaient les Savoyards à émigrer. De retour au pays, Claude Ballaloud de Saint-Sigismond, formé à la technique de taille des rouages d'horlogerie, l'a enseignée à quelques apprentis. Le nombre des ateliers familiaux a considérablement augmenté et en 1848, se crée à Cluses la prestigieuse Ecole royale d'horlogerie devenue le lycée Charles-Poncet.

L'heure perpétuelle, chef d'œuvre d'un élève de l'Ecole.

Place des Allobroges: Fontaine édifiée en 1791 par Simon François, tailleur de pierres à Samoëns.

Dans l'église Saint-Nicolas du XVIe siècle, ancienne chapelle du couvent des Cordeliers. Le bénitier de style gothique flamboyant constitue une des pièces majeures de cette époque dans le département.

propriétaires mettent en commun leur production de lait pour la fabrication du fromage. C'est venu du Jura et des Suisses. Et ça s'est répandu chez nous. Ici, il y en avait trois. Comme il en résultait du petit lait et d'autres dérivés, on a assez rapidement bâti des porcheries pour utiliser les sous-produits du lait.
Et de préciser qu'aujourd'hui, les porcheries sont à l'échelle industrielle. Celles qui restent sont dérisoires.
- Tu y mets, quoi, quatre-vingt à deux cents cochons! Ça n'a plus rien à voir.

Retour chez Gilbert. Nous passons dans le séjour. Sur le mur de gauche trône une gigantesque cheminée taillée dans un granit qui vient de l'Arveyron, du côté de Chamonix, et qui a atterri au cours des glaciations avec d'autres blocs erratiques à Combloux, où la roche est néanmoins calcaire. Gilbert a dessiné la cheminée qu'on a alors découpée sur place.

Puis il me fait voir la revue éditée par l'association des amis du Vieux La Roche à laquelle il participe activement. Un dessinateur, Francis Piguet, avec les informations qu'il lui a fournies, a reconstitué l'évolution de la ville à travers les siècles. Ainsi l'enceinte du XIIème siècle exhibe une tour carrée dont on a retrouvé le socle au cours de fouilles. Vers 1250, le comte de Savoie, qui est en même temps comte de Richemond, se bat aux côtés de son oncle, le roi d'Angleterre, avec des Savoyards.
- C'est comme les équipes de foot, il y a beaucoup d'étrangers, entre guillemets.
Il constate alors que les Normands sont bien en avance sur le plan technique: ainsi, leurs tours sont rondes et offrent moins de prises à l'ennemi que les pierres d'angle des tours carrées. Sans compter que celles-ci, reconstruites, sont plus fragiles. Du coup, les tours rondes vont se développer dans toute la France.
Gilbert prend plaisir à faire glisser son doigt sur la carte, comme s'il palpait les grains du mortier, les murs du passé. Comme si l'Histoire avait une épaisseur. Il m'indique la porte Saint-Martin, la porte Falquier (dont le nom est dérivé de «faucon»), la porte de la Halle. Son index s'arrête sur le «Valmerdier», un lieu qui doit son nom aux déjections issues du château et des habitations qui l'entouraient. Il s'arrête encore sur l'ancien pont des Tanneries, dont l'origine remonte à la Gaule, ouvrage particulièrement solide, tout en pierres et madriers.
Sur un autre document, il m'indique la rue des Fours en m'expliquant qu'elle doit son nom aux fours banaux où les gens venaient faire leur pain.
- Et où les Seigneurs venaient piquer le pognon, entre guillemets.
Puis la rue de la Perrine où court un ruisseau dans lequel on versait ses déchets, on se lavait, on puisait l'eau pour boire.
- Et l'hygiène, dans tout ça?
- Il n'y a pas d'hygiène, réplique Gilbert en mettant l'accent sur l'évidence du fait. D'ailleurs si les pestes se développent, c'est à cause de ça. Les premiers qui vont faire attention à l'hygiène (je parle de notre époque, non des civilisations antiques), ce sont les Vénitiens. Et ça se comprend facilement: ils habitent sur un ancien marais et sont souvent victimes de fièvres, comme le palud (qui veut dire justement «fièvre des marais»). Ils vont commencer à s'apercevoir qu'il leur faut un minimum d'hygiène. Vers 1550-1560, ils réalisent en effet que la

Chartreuse du Reposoir *(alt 975 m): Entre forêts et lac, à l'ombre de la Pointe Percée, la Chartreuse du Reposoir a été fondée en 1151 par des moines de l'ordre de Saint-Bruno.*

La chartreuse est occupée aujourd'hui par des Carmélites.

Au centre du monastère, un cloître de style gothique flamboyant appelé «Cloître Jean d'Espagne» du nom de son fondateur.

***Sallanches** (alt. 560 m): Après l'incendie de 1840 qui détruisit la ville, l'architecte chambérien François Justin, procéda à sa reconstruction sur le modèle sarde réalisé à Turin. La ville ouvre les portes du Mont-Blanc.*

Saint-Martin-sur-Arve *(alt. 570 m): Le pont de Saint-Martin-sur-Arve a été construit en 1783 par un architecte turinois. Au fond, le massif du Mont-Blanc. Le village a été rattaché en 1977 à Sallanches.*

L'église Saint-Jacques, élevée en 1850, possède un orgue des plus renommés des Alpes avec, de très belles peintures de Vicario. L'église abrite un trésor religieux remarquable.

fièvre et les pestes ne se propagent pas uniquement par les rats, mais aussi par l'air qu'on respire. C'est pour cette raison d'ailleurs qu'on va voir se développer les masques pointus, en forme de bec d'oiseau, qu'on utilise aujourd'hui pour le Carnaval. Les médecins les portaient pour éviter d'être en contact avec l'haleine des malades. Là-dessus, on va décaper les rues. Car ils avaient constaté que plus il y avait d'hygiène, moins il y avait de pestes. Une évidence aujourd'hui.

- D'ailleurs, les pestes se déclaraient surtout en ville, là où il y avait une grande concentration de population. Dans ces cas-là, ceux qui avaient de l'argent gagnaient leur maison résidentielle (comme aujourd'hui on a une résidence secondaire, entre guillemets) pour échapper à l'extension de la maladie.

Pointant son doigt sur le cimetière:

- A l'époque, il était déjà hors des murs. C'était une innovation car la plupart du temps, on le construisait autour de l'église. On avait remarqué en effet qu'en dehors des odeurs et malgré la chaux qu'on répandait sur les corps, il pouvait y avoir un lien entre les malades qu'on enterrait et la propagation des épidémies.

Puis il revient à la rue Perrine (dont la radio locale porte le nom) pour préciser qu'on voit apparaître les puits.

- Et l'eau retombait ici, indique-t-il en posant l'index sur une chute d'eau. Il y avait au moins sept ou huit moulins

Sallanches est entourée d'un cirque de montagnes qui offre aux visiteurs un paysage à 360° sur les Aravis, le Mont-Blanc et l'Aiguille de Varan.

tout le long du Foron. C'était la seule force motrice qu'on connaissait. On ne sait pas bien pourquoi, mais les moulins à vent n'étaient guère utilisés, contrairement aux Pays-Bas. Donc, on utilisait le moulin à eau qui servait à la fois pour les scieries, les forges et pour moudre les grains.

Comme à chacune de mes rencontres, j'ai l'impression de rentrer d'un long voyage. Sur mon pare-brise, les premières gouttes de pluie. Je quitte La Roche et la vallée de l'Arve, avec à l'esprit, cette réflexion amère de Gilbert qui exprime avec tant de spontanéité son attachement au pays rochois:

- Dans le temps, avant de passer sous la direction de la Maison de Savoie, on était Genevois. Mais les Français nous ont vendus, entre guillemets. Contre des terres que la famille de Savoie possédait autour de Grenoble.

On n'est pas historien pour rien, entre guillemets.

Le château des Rubins, du XIVe siècle, abrite le Centre d'initiation à la nature montagnarde.

Cascade de l'Arpenaz: A la fonte des neiges, elle s'échappe des parois calcaires de la Tête du Colonney dans une chute vertigineuse de 200 mètres.

Sur la montagne d'Anterne, les eaux paisibles du lac reflètent quelques névés oubliés par l'hiver. Présence insolite d'un pêcheur solitaire.

Lac de Lessy et chalets d'alpage (alt 1733 m) situés dans la chaine du Bargy sur les pentes de l'Aiguille Verte.

Col des Annes (Le Grand-Bornand) et chapelle d'alpage. Elle protége le bétail. Le toit est couvert de «tavaillons», (tuiles de bois).

Vallée d'Abondance

Vallée de Vallorcine

Le double visage de l'alpe

La vallée d'Abondance, royaume des alpages, havre de verdure au charme bucolique! C'est un lieu que j'ai découvert à l'époque où je courais les sommets du Chablais. Un vrai paradis! Tout est imprégné d'une parfaite sérénité, du village niché avec coquetterie entre les versants boisés de la montagne aux cimes pointant modestement vers le ciel et prolongeant l'appel vibrant des clochers. Quelques pics, comme le Mont Chauffé, se redressent et exhibent des parois rocheuses plus sévères, mais c'est uniquement pour rehausser le vert et la douceur des pentes gazonnées. Au fond, les Dents du Midi, qui dépassent largement les 3000 mètres, forment la frontière de la vallée et semblent la protéger de toute agression.

Quant à Claude Chatelain, c'est à l'occasion d'une étude sur l'abbaye d'Abondance avec son ami Georges Baud qu'il a fait connaissance de ce lieu idyllique. Tous deux ont écrit un livre qui fait référence: «Habundantia». Les quelques lignes qui suivent s'inspirent de cet ouvrage ainsi que de notre conversation autour d'un café.

Géographiquement, le Val d'Abondance englobe trois communes principales: Abondance, La Chapelle d'Abondance et Châtel. On le distinguera de la partie basse de la vallée qui comprend Bonnevaux, Vacheresse et Chevenoz.

Bref historique. Les Ligures, issus des bords de la Méditerranée, investissent la vallée et s'installent vers 750 avant Jésus-Christ dans les alpages: ici, nul besoin de déboiser. Les bêtes peuvent paître tranquillement. En plus, on ne risque pas les inondations. Et puis, les déplacements évitent les fonds de vallée occupés par les torrents et privilégient les cols.

Les Ligures sont des gens petits et secs, aux cheveux noirs et au teint basané. On retrouve, encore à l'heure actuelle, des traces de cette origine sémite chez certains habitants de Châtel, de Champéry, des Gets, voire d'Hauteluce. D'ailleurs, les femmes portaient autrefois le pantalon noir pour travailler dans les alpages, une façon de s'habiller propre aux peuplades d'Asie. Ils ont laissé également des traces de leur présence dans certains termes comme «Pas de Morgins», «Morges» signifiant «ville» ou «rivière» et qu'on retrouve, en Turquie, dans l'ancienne appellation d'Ephèse: «Morginnum».

Puis du nord arrivent, vers 500 avant Jésus-Christ, les Celtes qui contribuent à leur tour à repousser les Ligures vers les sommets des vallées, vers Châtel et Champéry. Beaucoup de lieux témoignent aujourd'hui de cette nouvelle présence: ainsi, on retrouve «chwen» qui signifie «colline» dans les chalets de «Chevenne». De même, «bise» qui vient de «biez» et désigne l'eau apparaît dans les Cornettes de «Bise» pour prendre le sens de canal amenant l'eau. «Drun» signifie torrent ou rivière et deviendra «Dranse» ou «Doron». Ou encore «ceton» qui signifie «bois» et donnera, par transformations successives, un double dérivé: d'une part «Sixt» (région boisée) et Saix (rocher). Sans compter «treiz» qui signifie lieu de passage entre des hauteurs et qu'on retrouve dans «Treiz-les-Eaux», «Trèlernont».

Les Celtes avaient leurs lieux sacrés, calculés avec une grande rigueur. Ainsi, Miolans ou Miolène viennent de «médiolana»: lieu du milieu. Parmi les fêtes également, citons celle de juin où l'on allume des feux en l'honneur du soleil qui est au firmament. Ils se perpétueront avec les feux de la Saint-Jean. Il convient encore de citer saint Colomban, un moine originaire d'Irlande né en 540 après J.-C. et appelé par les évêques de Gaule pour revitaliser le christianisme décadent. Il aurait créé un monastère dans la vallée. Ces rumeurs soulignent l'attachement de la population d'alors pour un pur Celte et confirment en même temps l'origine des habitants de la vallée. Il convient enfin de faire remarquer que le terme ancien «habundancia» proviendrait, non pas du latin, mais de deux mots celtes: «habodan» qui veut dire «hauteur» et «Ty» qui signifie «maison», autrement dit: la maison de la hauteur ou encore «l'alpage».

L'Empire romain marque à son tour la vallée de sa présence. Cela ne va pas sans heurts. Citons le fameux épisode d'une cohorte romaine partie pour combattre les Germains. Elle franchit le col du Grand-Saint-Bernard pour atteindre Octodure (aujourd'hui, Martigny). Une partie de la légion s'installe avant le passage du goulet qu'emprunte le Rhône à un endroit appelé Agaune. Elle est chargée de réprimer la révolte des Bagaudes, paysans chrétiens qui possèdent des terres et souffrent de la politique fiscale sévère menée par Dioclétien. Mais ces soldats sont venus pour se battre contre l'ennemi, non pour tuer des paysans. Pour les décider à se soumettre aux ordres, on leur demande de renouveler leur allégeance à l'empereur. Ils ne veulent rien savoir. Ils seront décimés. Le chef de cette cohorte s'appelait Maurice. On gardera ses ossements et on fondera une basilique à la mémoire du martyr.

Dans le même temps, le christianisme tente de s'imposer. En 313, l'Eglise est officiellement reconnue par l'Edit de Milan de l'empereur Constantin. Apparaissent alors les évêques qui rassemblent les fidèles dans les cités tandis que les campagnes restent délaissées par les prêtres, ce que corrobore le double sens de «paganus»: paysan et païen. Là-dessus, vers 400 après Jésus-Christ, les Burgondes investissent la région et se mêlent à une population gallo-romaine souvent malmenée par les hordes barbares. Non seulement, ils pratiquent une politique qui concilie droit romain et droit germanique, mais ils vont vivre également dans la foi chrétienne. Sans pour autant créer l'unité de l'Eglise. Leur influence est visible encore aujourd'hui dans l'«outa», cette pièce centrale de la maison savoyarde occupée par la grande cheminée où l'on fait sécher et fumer le jambon.

Clovis, par ses victoires sur les Burgondes et les Wisigoths, impose dès l'an 500 le pouvoir franc. Appuyé par les évêques restés fidèles à Rome, il restaure l'unité de l'Eglise en Gaule. Naissent alors les premiers

Abondance *(alt 850 m): Abbaye Notre-Dame-d'Abondance: Elle fut au Moyen Age l'un des foyers monastiques les plus importants des Alpes, associée à la célèbre abbaye du Saint-Maurice-d'Agaune. L'église abbatiale Notre-Dame, du XIIIe siècle agrandie au XVIIe siècle, abrite un musée d'art religieux.*

Les peintures murales du XVe sont du peintre piémontais Jacquerio Giacomo. Ces peintures en font l'un des joyaux de l'art religieux médiéval en Savoie. L'abbaye naîtra le 2 mai 1108 de la cession de l'église Sainte-Marie-d'Abondance et de la vallée qui en dépend par l'abbaye Saint-Maurice-d'Agaune

Le cloître de l'abbaye représente le gothique savoyard.

Abondance - La porte dite de la Vierge daterait de la construction du cloître au XIVe siècle. Abondance est devenue abbaye en 1139 sous la règle de Saint-Augustin.

Châtel *(alt 1183 m): Ce village-station typique, inclus dans les Portes du Soleil, a su garder ses traditions pastorales. Le village est en frontière avec la Suisse (canton du Valais).*

«chanoines» (ceux qui sont inscrits sur le «canon» ou liste officielle des clercs de l'Eglise et en suivent la règle).
C'est à la même époque que Sigismond, fils du roi des Burgondes Gondebaud et héritier du royaume, fonde l'abbaye de Saint-Maurice-d'Agaune. Un religieux est envoyé à la chapelle des Frasses (les frasses sont de petits hêtres qui poussent au bord des eaux) qui deviendra la Chapelle d'Abondance. Quant à l'abbaye, elle est détruite en 940 par les Sarrasins qui viennent d'Afrique du Nord à la suite de la chute de l'Empire romain.

Ancienne borne frontière délimitant les territoires de la Maison de Savoie avec la Suisse.

- Des voyous qui ont laissé un climat de violence dans la région, commente sans ménagement Claude.
C'est une période noire marquée par une crise politique, économique et religieuse. Au XIe siècle, l'Eglise réagit et veut donner l'exemple au peuple d'une religion authentique, fidèle au message évangélique. Des chanoines «réguliers» dynamisent cet esprit de réforme en prononçant les vœux de pauvreté, de chasteté et d'obéissance. Certains d'entre eux s'installent à Abondance, en 1080 probablement, tandis qu'à Saint-Maurice demeurent des chanoines séculiers. C'est Guy de Féternes qui leur fait don de ce qu'il pense être ses possessions dans la vallée d'Abondance. En réalité, elles appartiennent à Saint-Maurice-d'Agaune, ce que sanctionne l'acte de donation de 1108: le 2 mai de cette année-là, les chanoines d'Abondance acceptent leur filiation directe avec les chanoines de Saint-Maurice et entrent véritablement en possession de leurs terres qu'ils reconnaissent hériter de ceux-ci. La vallée passe donc sous la juridiction de l'abbaye.
Une quinzaine de chanoines augustins mettent alors en valeur la vallée et les alpages. Ils font preuve d'un grand dynamisme, cultivant entre autre la race bovine. Installés, dans un premier temps, à proximité de La Chapelle, ils construisent, au début du XIIe siècle, l'ensemble de l'abbaye (église, cloître, monastère et bâtiments de dépendance) sur des vestiges romans (ce qu'attestent les fondations du cloître d'origine qui ont été dernièrement mises au jour). L'ensemble sera achevé en 1280.
- C'est la seule église gothique qui nous est restée en Haute-Savoie.
Signalons encore que deux autres abbayes seront fondées au milieu du XIe siècle: celle de Sixt où les moines sauront faire fructifier les alpages de Sales et celle d'Entremont.
A Abondance, le premier abbé fut Rodolphe de Voserier, issu d'une famille seigneuriale des environs de La Roche-sur-Foron. C'est lui qui confia à Ponce de Faucigny, entré en religion, l'étude de la règle de Saint-Augustin. L'abbaye atteint rapidement une grande renommée, notamment sous l'abbé Jean d'Abondance, et son apogée durera jusqu'à la fin du XIIIe siècle. Au point d'être prise sous la protection du Saint-Siège.
Les tensions sont nombreuses dans les siècles qui suivent entre les habitants de la vallée et l'abbaye. A cause de la dîme devenue impôt plus que donation et des abus d'un abbé qui agit plus en seigneur qu'en chef religieux: les coutumes et les franchises tendent à plier sous le pouvoir politique.
Au XVe siècle apparaissent les abbés commendataires qui n'ont d'«abbé» que le nom. Ils ont reçu l'abbaye du souverain et se contentent de déléguer, sur place, un vicaire et un fermier pour assurer les rentrées d'argent. Les abbayes s'enrichissent tout en perdant leur âme.

Saint-Jean-d'Aulps *(alt 801 m): A l'origine créée par deux moines bénédictins de l'abbaye de Molesmes en Bourgogne, l'abbaye Notre-Dame-d'Aulps a connu sept cents ans de vie monastique entre le XIe et le XVIIIe siècle. L'église du village possède la châsse de Saint-Guérin à qui les paysans attribuent la guérison des troupeaux.*

Morzine *(alt 1000 m): La création du premier ski-club date de 1910. Les touristes venaient à l'époque de la Suisse voisine. L'installation du téléphérique du Pleney, inauguré en 1934, a jeté les bases d'une station moderne*

Située dans un cadre d'alpages et de forêts, Morzine a su rester un village traditionnel qui a développé très tôt son tourisme. Sous l'impulsion du champion olympique Jean Vuarnet, elle a créé la célèbre station de ski d'Avoriaz 1800.

La station longe la Suisse à la crête de la Pointe de la Vorlaz (2346 m). Morzine fait partie du célèbre domaine des Portes du Soleil.

Les Gets *(alt 1200 m): Installé dans une demeure du XVIe siècle, le musée de la musique mécanique des Gets expose une collection prestigieuse d'appareils reproduisant les sons: boîtes à musique, automates, orgues de barbarie, etc..*

Lavernaz (alt 808 m) - Gorges du Pont du Diable: Aménagées en 1893, les gorges du Pont du Diable offrent le grand spectacle de la nature, de la pierre et de l'eau. Le site est classé. Un énorme bloc, bloqué à 40 mètres au-dessus du torrent, forme l'arche fantastique d'où son nom de Pont du Diable.

Avoriaz 1800 *(alt 1814 m): Cette station de ski, créée de toutes pièces sur un alpage à l'initiative de Jean Vuarnet (ancien champion olympique), a interdit l'usage de la voiture. L'architecture inspirée du milieu naturel, est sortie de l'imagination de trois architectes : J. Labro, J.-J. Orzoni et J.-M. Roques.*

Le parapente inventé à Mieussy regroupe de nombreux adeptes qui décollent de bases situées jusqu'au cœur des montagnes.

Aravis. Dans la Combe du Crêt, des skieurs randonneurs montent (à peau de phoque) pour s'élancer dans la neige vierge des pentes, à skis ou en surf.

A l'arrivée du télésiège du Grand-Paradis, une vue sur les Dents Blanches (2757 m).

Avoriaz 1800: la station d'altitude s'étend sur 650 km de pistes franco-suisses.

***Montriond** (alt 940 m): Le lac de Montriond, situé à 1067 m d'altitude, se transforme sous l'effet magistral des saisons.*

Il faut creuser la glace sur cinquante centimètres pour pratiquer la plongée en hiver.

La plongée sous glace est une manière de vivre les extrêmes qu'offre la montagne.

Plateau d'Assy: Le lac Vert, sous le désert de Platé, revêt les couleurs de l'automne.

- C'est terrible.
Claude Chatelain baisse les yeux. Il semble porter le poids du passé. Le poids du péché. C'est son église. Il est responsable de ses fautes. On ne les met pas au rebut comme le potier le fait de ses pots ratés.
- Les moines se sont embourgeoisés. On a enlevé quelques chanoines qui ne pensaient qu'à boire et à manger. Et puis, c'est tombé en ruines.
Pourtant, au XVIe siècle, l'abbé Vespasien Aïaza et François-de-Sales avaient tenté de remettre de l'ordre dans l'abbaye en la vidant des chanoines de Saint-Augustin. Le pape les remplacera par les Feuillants, originaires de Toulouse, qui ne réussiront pas mieux: le climat, l'isolement, le désœuvrement, les querelles, tout cela contribuera à dégrader définitivement l'esprit religieux de l'abbaye qui sera fermée le 9 mai 1761. Ce qu'avait pressenti François-de-Sales qui, dès le début, avait voulu supprimer purement et simplement l'abbaye au profit d'une véritable action chrétienne auprès des habitants de la vallée.
- Aujourd'hui, on ne peut qu'imaginer la splendeur de l'abbaye de l'époque.
Le regard de Claude brille derrière ses lunettes. C'est cela qu'il faut retenir: des hommes qui, par leur labeur, leur art, leur prière et leur détermination ont réussi à célébrer, dans cette vallée écartée, la gloire de Dieu.
- Nous sommes un pays riche, ajoute-t-il, comme si une

Grotte de Balme : Le département de la Haute-Savoie propose un vaste réseau de grottes et cavités pour l'exploration. Le gouffre «Jean-Bernard», le plus profond du monde, offre un dénivelé de 1602 mètres.

part de lui-même avait vécu l'épopée des moines. Alors, on fait venir un peintre d'Italie pour décorer les murs du cloître.
Aujourd'hui, on a en partie restauré ce qu'il convient d'appeler peintures et non fresques car les œuvres n'ont pas été réalisées sur un mortier frais comme l'exige la tradition.

S'il tempête contre les véhicules qui empruntent les pistes d'alpage, Claude vante la beauté des paysages du val d'Abondance, le charme des promenades dans les alpages: le Pas de la Bosse et les Cornettes de Bise, le lac Darbon et le Mont Chauffé, le Mont de Grange...

Habère-Poche *(alt 945 m): Une base de vol à voile pour les passionnés de planeur y est installée.*

Villard *(alt 762 m): Au cœur de la vallée Verte, l'église Saint-Jean-Baptiste (1828), dont le dôme est l'œuvre de l'italien Ploturo, domine les espaces boisés.*

Boège *(alt 735 m): Chef lieu de canton situé au centre de la vallée Verte, Boège cultive nature et tourisme. L'église Saint-Maurice (1855) conserve la Vierge Noire des Voirons depuis 1768 et possède des orgues classées.*

Le monastère Notre-Dame-des-Voirons: A l'origine, il s'agissait d'une chapelle fondée par le Seigneur Louis de Langin à la suite d'un vœu à la Vierge après avoir été blessé à la chasse.

La Vierge Noire des Voirons.

Allinges (alt 639 m): *Perchées sur la crête de la colline d'Allinges, dominant les rives lémaniques, les ruines des deux châteaux des Xe et XIIIe siècles, témoignemt d'une des grandes dynasties féodales de Savoie. Le pouvoir des Seigneurs d'Allinges passa au Faucigny, puis à la Maison de Savoie.*

Dans la chapelle du château neuf, l'abside porte l'une des plus belles fresques romanes de Haute-Savoie (XIe siècle).

Chapeau de Saint-François-de-Sales: Le saint s'est installé en 1594 dans les ruines du château afin d'évangéliser les populations locales passées au protestantisme, sous l'influence des différentes occupations bernoises et genevoises.

Si la vallée est verte, c'est qu'il pleut beaucoup et que le calcaire, ici, donne de l'humus. Ainsi, la pluie génère le spectacle.

Pourquoi, tout à coup, ai-je envie qu'il me parle de ses débuts de prêtre à Vallorcine? Peut-être pour mieux mesurer le contraste de la vallée d'Abondance avec une vallée de haute montagne, plus enclavée, au climat plus sévère, aux mœurs longtemps plus rudes. Car Claude Chatelain était un prêtre actif qui vivait en parfaite harmonie avec le milieu montagnard, menant sa paroisse avec autorité tout en gravissant les sommets alentour. Sollicitant son corps pour mieux être à l'écoute des âmes.

- J'ai fréquenté quelques guides, mais surtout les Vouilloz: Jules et son fils Marcel, un excellent rochassier qui s'est malheureusement tué en montagne.

Claude se souvient, admiratif:

- Très fort, ah oui, très fort.

C'est Jules, l'ancien guide, qui a donné son nom à une pointe particulièrement saillante du massif des Perrons, longtemps prise d'ailleurs pour son point culminant. Ce petit mais très sauvage chaînon domine Vallorcine. On y accède soit par les alpages de Loriaz, soit par la Suisse et le barrage d'Emosson.

Du coup, le prêtre devient alpiniste et fait même le guide, emmenant parfois des estivants en montagne. C'est ainsi qu'il gravit en tête l'arête Forbes au Chardonnet en compagnie d'un client qui «fumait comme un pompier». Et il imite la locomotive.

D'autres souvenirs affluent: les Courtes, la Verte, le Buet... Et des regrets:

- Si j'étais resté là-bas, j'aurais bien aimé faire les Aiguilles Dorées.

A l'évocation de ces grandes courses, il conclut, avec un rire gouailleur:

- C'était comme ça: on aimait bien faire des promenades. Mais, enchaîne-t-il, ce qui passionnait les Vallorcins, plus que la montagne, c'était la chasse. Les Vallorcins sont des chasseurs, des braconniers bien sûr. Pour eux, la vallée de Tré les Eaux, sous le Buet, est un sanctuaire. Ils chassaient le chamois et le coq de bruyère dans la montagne de Barberine et au-delà, vers le secteur du Fer-à-Cheval dominé par le Pic de Tenneverge.

Sans doute les chasseurs furent-ils en bien des endroits les premiers alpinistes.

Claude poursuit:

- Le Vallorcin dit que pour tuer le coq de bruyère, il vaut mieux aller à la chasse quand c'est interdit, c'est-à-dire au printemps, très tôt.

Les explications viennent par petites vagues successives:

- Quand il y a encore de la neige. Parce qu'on voit. Au moment où les coqs viennent rappeler les poules. Parce que, précise-t-il encore, on ne tue pas les poules. Là, on peut donc choisir. Pas comme en automne où tu tires ce qui passe.

Claude boit son café mécaniquement. Il mange un peu de croissant, mais son esprit est ailleurs. En pleine montagne. Avec les hommes. Dans un paradis où la chasse est un acte moral, dicté par une loi naturelle et accompli avec la bénédiction divine.

- Avec tous ces braconniers, les gardes-chasse devaient avoir du travai!.

Il réplique sur un ton vaguement narquois où se glisse une grande commisération pour la faiblesse humaine:

- De temps en temps, il y a des silences.

Je souris intérieurement. Il n'a pas dit: «De temps en temps, ils fermaient les yeux.» Non. Il a employé une formule impersonnelle et a parlé au présent. Claude inscrit ce qu'il vit dans l'universel. Il voit l'homme dans les profondeurs de son âme, là où chacun finit par se ressembler. Et quand il évoque «les silences», comment ne pas penser à tous les secrets dont il a été le dépositaire, à tous ces braconnages intimes pour lesquels il a intercédé auprès de Dieu avant de donner l'absolution aux pécheurs?

Je lui demande sans transition comment l'idée lui est venue d'écrire sur les Cousins, ces Savoyards émigrés en Amérique du Sud. Etrangement, nous en revenons au Val d'Abondance. Dans le cadre de son ouvrage sur l'abbaye, Claude avait invité un jeune étudiant en architecture. En 1980, celui-ci reçoit, de façon tout à fait inattendue,

Châsse de Saint-Maurice-d'Agaune (Valais, Suisse): De nombreuses abbayes savoyardes étaient liées à la plus ancienne abbaye de l'Occident, Saint-Maurice-d'Agaune, restaurée en 515 par Sigismond. Les Comtes de Savoie en étaient les protecteurs. La Châsse de Saint-Maurice et le Chef Reliquaire de Saint-Candide font partie du trésor de l'abbaye, peut être le plus important du monde chrétien. on peut y voir le bras reliquaire de Saint-Bernard, la coupe de Saint-Sigismond, le reliquaire de la Sainte-Epine offert par Saint-Louis, l'aiguière de Charlemagne, le coffret mérovingien de Teuderic et diverses châsses.

Brenthonne *(alt. 550 m) Château d'Avully: Le château féodal Saint-Michel-d'Avully, entouré de fossés remplis d'eau est l'un des rares construits en plaine au XIIe siècle pour protéger seigneurs et notables, artisans et paysans des environs. Le château, restauré par Jean Guyon, est dans un état remarquable.*

une lettre d'un membre de sa famille qui habitait du côté de Buenos Aires et qui désirait avoir des nouvelles des siens.
- Regardez ce que je viens de recevoir, lui dit-il.
- Tout est parti de là, commente Claude. On a fait sa généalogie pour constater qu'il s'agissait de cousins de la cinquième génération en ligne collatérale. De fil en aiguille, ils ont fait, en 1984, un premier voyage en Argentine. En 1990 fut fondée l'association Savoie Argentine.
Il commente:
- Je me disais: c'est pas possible qu'il y ait des Savoyards là-bas et qu'on n'en sache rien.
Et pour en parler, il décide d'écrire un roman historique.
- Car, explique-t-il, avec les livres d'histoire, les gens calent en cours de route.

Bref silence. Dehors, un jour gris. L'été se cherche. Derrière les baies vitrées, les gens se pressent sous une pluie fine. A l'intérieur, le brouhaha ordinaire d'un café avec ses raclements de chaises, les tintements des tasses et des verres sur le comptoir, le froissement des pages de journal, les crachotements et les sifflements du percolateur, un éclat de voix, le ronflement de la ville quand la porte s'ouvre, la sonnerie du téléphone. Je commente:
- Ça fait une existence riche, tout ça: la montagne, l'écriture, Abondance, l'Amérique, le sacerdoce...
Il m'interrompt:
- Le sacerdoce est partout.

La vocation du prêtre est nécessairement liée à l'endroit où elle s'exerce. Les mentalités sont différentes selon les pays: on ne vit pas à Abondance comme on vit à Vallorcine. Sans doute ne prie-t-on pas non plus de la même façon. Abondance vit de la douceur et de la richesse de ses alpages et fabrique un fromage réputé tandis que Vallorcine ne possède que des terres pauvres. Les seuls véritables alpages communaux se trouvent à Loriaz tandis que ceux de Balme-Charamillon sont la propriété de paysans des Houches, voire de Servoz.Et les Vallorcins ne sont pas admis à en devenir acquéreurs.

Ce qui compte pour Claude, c'est d'aider les êtres à se retrouver. L'individu seul ou le couple.
- Je suis au service des gens et à travers eux au service de Dieu. Car le Bon Dieu n'a besoin de personne. Il n'a pas besoin de serviteur. Il faut donc les aider à découvrir leur existence, à l'apprécier. Et faisant allusion à l'office auquel j'assistai un peu plus tôt:
- Comme je disais ce matin, à propos du potier, on doit se débarrasser de l'inutile pour garder l'essentiel. Il s'agit de vivre sa vie de manière intéressante. Pour ça, il faut que les gens s'aident. Il faut les compromettre. Si tu ne compromets pas, tu vis bêtement. Mon but, c'est ça.

Il reçoit des lettres d'Argentine écrites par des personnes qui, grâce à lui, se sont retrouvées. Quant à la Société des Auteurs Savoyards dont il fait partie, c'est l'amitié et le partage qui en constituent, pour lui, le fondement. Là aussi, il encourage les écrivains à prendre confiance en eux:
- Le bouquin n'est qu'un support. Tu n'es pas riche du bouquin que tu as fait, tu es riche de ce que, à cause de ça, tu as découvert.
Ses yeux ont décuplé derrière ses lunettes. Il me regarde attentivement et à travers moi Dieu et le monde entier, peut-être lui-même, son expérience et sa conscience. Il murmure:
- C'est énorme, énorme, ça.
- Il y a tout de même un immense orgueil à écrire. Car c'est tout de même penser que ce qu'on raconte est digne d'intéresser son semblable.
- De l'orgueil, il en faut.
- Au fond de nous, on n'est pas tous identiques?
- On peut le dire comme ça: on a tous la même source, le même fond, mais on l'exprime différemment. Ce qui compte, c'est l'être humain dans sa diversité, dans ses différences, dans ses opinions. Ce qui compte, c'est aider les hommes à être ce qu'ils sont, à développer leur capacité à aimer.
Et dans le jour devenu blafard, dans cette atmosphère de café où vont et viennent les solitaires et les couples d'amoureux, les hommes pressés et les épaves discrètes, dans ce cloître de silence plus vaste et plus lourd que le bruit alentour, résonnent ces derniers mots du prêtre:
- Tu n'existes que parce que tu es aimé.
Quelque chose en moi pénètre soudain dans l'abbaye d'Abondance, sans un regard pour les alpages verts, ni pour les sculptures gothiques, ni même pour les peintures, pas davantage non plus pour les verrières d'où pleut la lumière rose du soir, mais simplement pour se recueillir, dans l'humble attitude du moine qui s'abandonne en Dieu.

Le Lac Léman

L'émotion pure.

Vongy. J'emprunte une petite rue coquette, avec des maisons anciennes toutes fleuries, qui vous regardent passer, tassées les unes contre les autres. Sur ma gauche, un portique ouvre sur une minuscule cour encastrée dans l'ombre de la demeure. Un jardinet orné de fleurs pimpantes compose une oasis de lumière sous la poutraison massive et sombre des façades. Une pancarte mentionne l'atelier de Bruno Galvin. Je gravis quelques marches, je sonne. Une dame m'ouvre. Je me présente. Son visage exprime un vague étonnement. Elle appelle son mari et s'efface. Un pas lourd, quelques raclements de gorge. Le peintre surgit dans l'embrasure de la porte. Massif lui aussi. Avec un ventre fort. Des épaules larges et rondes. Un visage à la fois rugueux et poupin où brillent des yeux vifs et qu'encadrent une longue chevelure gris argent aux boucles soignées et une barbe ample et fournie. Un vrai seigneur! Je me présente de nouveau, lui précisant que nous avions rendez-vous. Devant son air incrédule, je commence à douter de la réalité de l'instant. Soudain, il réagit et avoue, navré, qu'il m'avait complètement oublié. Je ravale mon dépit. D'autant plus facilement qu'il m'invite à entrer avec un sourire des plus aimables, me priant de l'excuser, mettant tout cela sur le compte d'une soirée difficile. Je devine qu'il a fait la fête avec des amis. Il me conduit aussitôt à son atelier en me faisant traverser plusieurs pièces qu'il éclaire au fur et à mesure. Surgit alors, sur de vastes panneaux blancs dressés contre les murs de galets, une profusion de couleurs vives et mystérieuses, de panaches cendrés aux boursouflures fantastiques, de paysages estompés qui tanguent dans un vide percé de lumières: les aquarelles de Bruno Galvin. Des lacs à n'en plus finir! Des verts, des bleus, des rouges, des jaunes. Un lieu entre ciel et terre, entre le paradis et l'enfer, un non-lieu, un infini. Ici, la peinture devient onirique, entre silence et attente. La couleur dramatique. Comme d'avant le monde. Ou comme d'un après inimaginable. Ou encore comme d'un aujourd'hui, mais situé à des encablures de notre conscience. Et c'est cela qui me frappe: ce glissement hors de soi. L'eau n'est qu'un prétexte. A peine un signe. Pour qui sait voir, le Léman invite à voyager aux confins de l'âme. Quelque chose en moi s'emporte: toujours cette maudite tentation d'intellectualiser la rencontre avec un son, un mot, une couleur pour faire surgir l'émotion. Et non l'inverse. Où est la vérité?

Ce qui intéresse Bruno Galvin, c'est la seconde fugitive qui nous fait écarquiller les yeux sur une vision insolite. Venue on ne sait d'où. Rien ne nous fait mieux appréhender celle-ci que le mouvement des brouillards. Le peintre bâtit sa quête sur l'idée de passage. Rien de solide dans ces aquarelles même s'il se réclame du figuratif. Les bateaux, dématés, ne sont là que pour permettre à l'oeil de voyager dans la mouvance des couleurs, emporté par l'étrange ballet des nuages et le miroitement des eaux. A peine des bateaux. Comme ce piquet planté dans la vague. Ou ce ponton. Un simple coup de fuseau.

- Admettons: je plante un poteau. Pendant dix ans, je le peins avec tout ce qu'il y a autour. Par tous les temps. Avec toujours la figuration de l'objet. Le jour où j'enlève celui-ci, tout ce que j'ai regardé autour doit se suffire à soi. Je deviens zen. C'est ça le truc: avoir un élément figuratif et tourner autour. Je cherche un appui pour faire rebondir la lumière. Quand il y a un piquet dans l'eau, il y a une boursouflure de chaque côté. Cette boursouflure vous donne les deux points de lumière.

Et c'est cela qui compte. Pas la vague, mais ce qui va donner l'impression de la vague. Car l'objet renvoie au réel et aux interprétations que nous en faisons. Un réel domestiqué. Or, seul compte le miracle de ce qui est hors norme. Dans le monde évanescent.

Il prend l'exemple de la maison. Il y a la construction elle-même et à côté son histoire. Enlevons la maison, il reste son empreinte. Et la voici qui se met à vivre d'une autre vie. Essentielle. Même chose pour la montagne: quand on regarde la Dent d'Oche, on voit des formes, des lignes. Sans vie. Mais plus on monte, moins la montagne est figurative. Ça devient un amas de rochers. C'est là qu'on saisit l'esprit de la montagne. Quand elle échappe au regard qui la compose.

- Une fois, je suis monté à la cabane du Velan en Suisse, à 2 200 mètres d'altitude, sans oxygène comme je dis toujours. Plus on avançait dans le minéral, plus je percevais cette vie secrète.

Dans les immensités de la Beauce, point de piquet, point de repère. On est seul avec la couleur.

- Mais il y a un paquet de tons quand le soleil se met à bouger! Il n'y a rien que des rythmes.

Et on va à l'essentiel. Bruno traque l'émotion dans l'informe.

- Les Drus, nom de Dieu, c'est quelque chose!

Surtout quand les brumes montent et cachent la structure du rocher. Dans ces passages qui engendrent une sorte de malaise.

- C'est dans l'imprécis que surgissent les génies de la montagne, c'est là qu'il se passe des choses, pas quand il fait beau.

Mais ce travail sur la déambulation ouatée des nuages exige de bien connaître la structure qu'elle enveloppe. C'est elle qui lui donne sa densité, sa texture, sa variété complexe de tons. La tâche du peintre est d'approcher cette vérité.

Et Bruno de me raconter l'histoire de l'ophtalmologue à qui il montre la Dent d'Oche en lui demandant comment il la voit. Celui-ci lui répond qu'elle est nette.

- Non, elle n'est pas nette. Ça n'est jamais net. Sauf après l'orage. Là, c'est net. Ça se sent. Ainsi, en face on voit bien la Suisse. Mais autrement, elle est toujours irisée. Il y a toujours des voiles d'humidité, des traînées de brume. Et quand on rend ça dans la peinture, on ressent cette espèce d'indécision. Et c'est ce qui m'intéresse.

On peint comme on marche. L'habitude et le travail permettent d'appréhender la texture du monde. Ainsi de cette randonnée en montagne qui lui est restée en mémoire:

- Au début, toutes les racines, toutes les pierres étaient pour mes godasses. J'ai tout chopé. Le premier jour, on ne voit rien. Mais au bout de quelque temps, je me cognais beaucoup moins. Au bout d'un moment, il y a comme une anticipation, une espèce de vue qui devance les choses, une sorte de rythme.

Nernier *(alt 375 m): Village de pêcheurs avec port et embarcadère, Nernier offre un charme médiéval. Le clocher sarde, du XIXe siècle, domine ce village les pieds dans l'eau, où séjourna Lamartine.*
Nernier est aussi la patrie du peintre lombard Enrico Vegetti (1853-1951) qui y a passé la majeure partie de sa vie. Ancien fief des seigneurs de Gex, le village a été cédé à Béatrice de Faucigny.

Peut-être une osmose avec le monde. Cette harmonie qui nous fait visionnaire. Car il ne s'agit pas de réfléchir, d'intellectualiser les choses, mais bien de les vivre. Et peindre, c'est vivre. Comme marcher. Un jour, un de ses amis lui dit qu'il sort toujours avec sa toile, son tyrolien et ses skis pour aller peindre la neige. Bruno de répliquer:
- Si t'es pas capable de faire de la neige à l'intérieur, c'est pas la peine.
Le père de son ami s'adresse alors à son fils en désignant Bruno:
- Celui-là, il est costaud: il fait de la neige verte, mais on sent la ouate.
Et Bruno de commenter:
- Il faut donner l'impression! Quand on fait un trait, c'est un trait. Mais une barre blanche dans les couleurs, c'est un manque, un non-peint qui incite à quelque chose.
Il évoque cet instituteur à qui il disait qu'il était en train de faire sa rédaction et qui le reprit en lui précisant qu'il ne faut jamais être «en train de faire», mais «faisant». En d'autres termes, il mettait l'accent sur la nécessité, non pas d'imiter mais de

Publier *(alt 500 m): La commune possède une façade sur le Léman de cinq km dont la baie d'Amphion. Le mariage de l'eau, de la montagne et des sources se conjugue dans une douceur de vivre particulière.*

Yvoire (alt 390 m): *Site classé parmi les plus beaux de France, le bourg médiéval d'Yvoire occupe une situation privilégiée sur la pointe du petit lac.*

Lorsque le soleil se couche derrière le Jura, le Léman se pare des lueurs de la nuit ; au loin, les lumières des rivages suisses.

Le bourg a conservé ses remparts du XIVe siècle avec deux portes fortifiées qui témoignent des luttes entre la Maison de Savoie, la République de Berne et celle de Genève. Deux lieux exceptionnels se visitent à Yvoire: le Jardin des Cinq sens et le Vivarium.

Thonon-les-Bains (alt 425 m): *Située sur la rive sud du Léman, la cité thermale présente l'une des plus belles vues sur le lac Léman. Elle est fière d'être la patrie de l'académicien Henry Bordeaux. En arrière plan, le Pays de Gavot et la Dent d'Oche (2222 m).*

Musée du Chablais: Dans l'ancienne résidence des comtes de Sonnaz (XVIIe siècle) se trouve installé le musée du Chablais consacré à l'histoire locale (collections de l'époque lacustre).

La fontaine, place de l'Hôtel de ville, date de 1736.

Château de Ripaille: Sans conteste l'un des plus hauts lieux de l'histoire de Savoie.
A l'origine simple pavillon de chasse, il a été transformé en résidence par Bonne-de-Bourbon dès 1371. Le château de Ripaille a été construit en 1424 par Amédée VIII, premier duc de Savoie, qui créa l'ordre des chevaliers de Saint-Maurice. Aujourd'hui, siège la Fondation Ripaille. Le domaine viticole du château produit un vin blanc de qualité.

Le général Dessaix, natif de Thonon (1764-1834), a été capitaine de la Légion des Allobroges et général d'Empire.

L'Hôtel de ville de Thonon, de type sarde, a été construit en 1821, de même que le Palais de justice.

L'église Saint-Hippolyte: La crypte à trois nefs remonte au XIe siècle. De magnifiques décors baroques ont été réalisés au XVIIe siècle par des artistes piémontais.

La rade la nuit: le château de Rives ou «Montjoux», du XVIIIe siècle, constituait le front des fortifications de Thonon au bord du Léman.

Le funiculaire fait partie intégrante de la vie et relie la ville haute au port de Rives.

La fontaine et la basilique Saint-François-de-Sales, de style néo-gothique, remontent à 1889.

L'embarcadère: la Compagnie générale de navigation (CGN) du lac Léman possède une des plus belles flottes de bateaux à aubes d'Europe occidentale.

Régates: Le Bol d'Or est la plus grande régate lacustre d'Europe avec 600 voiliers appareillant de la rade de Genève à destination de Lausanne. Une douzaine de vents balayent le Léman et contribuent à former des navigateurs de premier plan. L'équipage suisse Alingui a remporté la coupe de l'America 2002.

Les barques des pêcheurs dont les prises sont souvent des perches, ombles, féras.

Le village de pêcheurs sur le Port de Rives: Un écomusée de la pêche permet de découvrir l'évolution de ce métier et les espèces de poissons présentes dans le lac.

L'eau de Thonon: l'Académie de médecine autorisa l'exploitation de l'eau de la Versoie dès 1882. L'eau de Thonon est diurétique, très légère et... mondialement connue.

«Le champignon», à l'orée du parc Thermal construit en 1886 où les Thononais viennent puiser l'eau de source.

La Maison des Arts et Loisirs: l'Espace Maurice-Novarina est le pôle culturel de la ville.

Le Château de Bellegarde: Sur les murs de ce château, devenu la salle d'audience du tribunal, des frises grivoises du XVIe siècle en bois sculpté.

créer, d'être toujours à l'affût de mots susceptibles de traduire l'émotion vraie. Il ne s'agit pas de raconter, mais de conter. C'est là que le plaisir commence.
Je pense au fameux poteau autour duquel le peintre se retrouve souvent «en train de tourner». C'est en l'enlevant qu'il devient véritablement «faisant».
- Quand on me dit: «Je fais des aquarelles», je réponds: «Moi, je fais de l'aquarelle». Je vis en aquarelle. C'est un art de voir, un art de vivre. Il cherche ses mots: Je sens que je me rapproche d'un certain... je ne dirais pas d'une vérité...
- D'une sorte de spiritualité?
Du coup, il lâche avec un grand sourire:
- Un jour, le curé de la paroisse m'a dit en regardant mes aquarelles: «Tu es plus près du Seigneur que moi.»

Quand il va se promener, il fait des graphismes, prend ce qu'il appelle des «empreintes» comme on prend des notes, mais jamais de couleurs. Du noir et blanc seulement. Avec des vides qui ne demandent qu'à être remplis.
- Les vides me font avancer. C'est le non-peint que je vais rechercher. Ce ne sont plus des mâts de bateaux, mais des empreintes.
Et pourtant! Un jour, un paysan débarque chez lui croyant que c'était toujours le café du coin. Bruno le détrompe. En regardant les toiles, il déclare (Bruno Galvin prend un accent traînant):
- On n'y connaît pas, nous.
Tout à coup, il pointe son doigt sur un bout d'arête qui sort des montées de brumes:
- Mais si, je connais, ça! J'y monte au chamois.
L'œil! Toutes ces choses qui se passent dans notre regard, toutes ces observations que notre être assimile, créant au plus intime de notre conscience un monde qui palpite. On s'en raconte des histoires quand on déambule dans la nature, plaine ou montagne! On est dépositaire de tant de beautés! Et certains parmi nous ont la faculté de les faire resurgir pour prolonger ces instants de bonheur.
Ainsi, il ramène des émotions qu'il retravaille dans son atelier. La couleur cherche à retrouver cet état de grâce. Sur une des aquarelles, on reconnaît Yvoire. Avec un lac d'une drôle de couleur. Irréelle. Saisie dans un reflet.
- La couleur du lac, ça ne peut pas être ça. Et pourtant, les gens qui vont s'y promener reviennent me dire: «On a pensé à vous».
Des couleurs d'un autre monde. Il me montre un filet plus clair:
- La ligne blanche est parfois calée à la montagne, parfois décalée. La lumière est en dessous, et engendre autre chose. Une fois, une dame me dit en regardant ma toile: «Vous étiez triste?» Je lui réponds: «J'étais rien du tout.» On fait un boulot pour traduire quelque chose. Et je lui montre ce que j'avais écrit derrière mon graphique: «Temps de merde.»

Les gens qui vivaient au bord de l'eau ou en montagne évitaient le contact avec leur milieu.
- L'élément liquide ne s'appréhende pas, le solide fait peur. Les premiers à avoir osé défier les démons de la montagne ont été les cristalliers.
Dans l'eau, il y avait les poissons. Seule une catégorie de personnes se risquait sur le lac: les pêcheurs. Avant on ne se trempait pas dans la vague. C'était un élément respecté mais qui n'éveillait aucune émotion. Les

maisons avaient le dos tourné au lac pour éviter le froid de la bise. Et puis il y eut les romantiques: les peintres comme Turner, les écrivains. Et les tempêtes qui soulevaient des vagues de dix mètres devinrent source d'émotions. De beauté. Du coup, les maisons se sont retournées vers le lac. Avec de grandes baies vitrées.

- Une étendue d'eau, elle vous calme ou vous agresse. Une paroi, elle vous tente ou vous fout les jetons. Si un jour vous vous dites, comment je vais attaquer ça, c'est fini. Vous entrez dans un jeu où vous êtes gagnant ou perdant. Vous n'avez de cesse de réussir.

Bruno n'a pas pris l'exemple du grimpeur par hasard. Nous vivons dans une région où nous sommes condamnés à nous dépasser. Pour quoi? Pour rien. Encore une fois, la montagne est là, simplement. Et par sa présence, elle fait naître en nous le besoin d'atteindre son sommet. Pour voir d'en haut. Et c'est parfaitement inutile. Il en va de même pour l'art. Le dynamisme de notre pays tient sans doute à cette impulsion née il y a plus de deux siècles. Les Anglais n'y sont pas étrangers, ni les autres nations, à commencer par l'Italie. Il convient d'ailleurs de ne pas sous-estimer l'impact de cette période de conquête alpine dans la construction européenne d'aujourd'hui, l'Europe ayant trouvé dans les montagnes, à ce moment de son Histoire, un terrain d'ouverture plus que de frontières, un terrain de jeu plus que de guerre.

Pourtant, Bruno se défend d'être inutile. Il donne à voir le monde, cherchant à transmettre «l'émotion rétinienne». Il veut être comme le prof qui arrive dans sa classe tandis que les élèves, loin de se lamenter sur une nouvelle épreuve d'endurance, se demandent, curieux: «A quoi va-t-on avoir droit aujourd'hui?» On ne décide pas d'être peintre, on l'est par vocation.

Je propose à Bruno d'aller faire un tour au bord du Léman. Du coup, il part se changer. Je reste seul avec les lacs. Partout, les brumes. Et à travers elles parfois, descendant du ciel, une lueur, comme divine. Mon regard est attiré par les deux grandes aquarelles. Non pas à cause du format mais de l'espace. C'est là que Bruno Galvin me semble exploiter au mieux les différentes nuances de la lumière.

Ici, l'eau se mêle au ciel. Les brumes noient les éléments. Les bleus succèdent aux bleus. Une bourrasque de bleus. Des écheveaux blancs traînent dans le discours des nuages. Et le regard éprouve le vertige de la lumière insondable: tant de volumes et tant de masses pour tant de légèreté et d'absence! Se laisser porter par l'indicible attirance des bleus. Là, l'eau est verte, puis vire au jaune, tandis que la lumière fouette les brouillards. Le socle rocheux, dans le coin droit, accentue l'atmosphère d'attente. Comme s'il n'était déjà plus tout à fait la réalité. Dissous dans la tranquille apocalypse du monde.

Je m'attendais à une belle plage: nous nous arrêtons devant une énorme construction en béton et en ferraille où l'on exploite le gravier extrait un peu plus loin, au milieu du lac. On est samedi. Les quais sont déserts. Le ponton est vide. Nous dépassons quelques barques retournées et une cabane de pêcheurs. Nous accédons aux berges tout en discutant. Le soleil incendie le bleu du lac. Vers la Dent d'Oche, les fameuses brumes. Les contours de la montagne s'estompent. Tout semble écrasé. Parfois, nous traversons l'ombre des grands arbres qui se penchent au-dessus des vagues bruyantes. On dirait qu'elles raclent le fond du lac. La chaleur est cuisante.

Mon compagnon me montre une ligne bleu foncé qui court le long de la rive opposée. Il connaît le langage du lac. Tant d'histoires à conter dans ces reflets soudains, ces stries changeantes et ce balancement de la lumière au fil des heures. Toutes les anecdotes sont là. Comme si le temps inventait ses propres couleurs. Tant d'éléments composent le paysage du Léman, tant d'imprévisibles incidents en modifient régulièrement l'aspect qu'inévitablement on ne peut venir à bout de sa mystérieuse nonchalance.

Je comprends alors pourquoi Bruno a choisi cet endroit, avec sa gravière et ses immenses tas de cailloux, ses échafaudages de ferraille, ses murs épais puissamment enfoncés dans la terre, son ponton, ses déchets sur le talus, les filets des pêcheurs et la coque des embarcations, ses palissades et ses murs, ses arbres en forme de champignon et au fond la montagne, croupes et collines, au pied desquelles fleurissent des jardins de maisons blanches et roses. Les hérons sont plantés comme des piquets au bord de la vague. Et ce bruit de pelle qui n'en finit pas de ramasser le sable. Tout ça, c'est du concret, du solide.

Et au milieu, infini, informe, impalpable, le lac. Comme une palpitation bleue sous le ciel, rouge sous les tuiles, grise sous les ailes des grands oiseaux immobiles, verte près des feuillages alanguis.

Bleu comme le bleu des ouvriers, rouge comme leur colère, gris de fumée et de vapeurs, vert d'attente et de voyages aux confins de la terre, jaune comme les grands blés de la Beauce que ma mémoire fauche au milieu de l'onde. Et l'orage gronde, violet, sur la cime naufragée, épave de mes lectures. Toutes ces couleurs en moi. De longue date. Toute cette vie, ce bonheur, qui se dévide soudain en écharpes de sensations.

Nous marchons dans le soleil, comme invités sans façon aux noces discrètes du Léman avec la lumière de midi.

Retour dans la fraîcheur de la demeure où le peintre collectionne des pièces de bois anciennes récupérées au cours de restaurations diverses. Lui-même semble taillé dans le chêne.

Puis nous nous quittons. Reste en moi la vision du lac: dans la montée puissante des brumes et le déchirement d'autres brumes au-dessus de l'eau jaillit la lumière, pareille aux roulements du désert. Sur l'aquarelle tranquillement exposée sous les boiseries, on assiste alors, médusés, à un déferlement d'émotions insoupçonnées. Et le spectacle creuse des puits en nous d'où remontent, à faire défaillir de bonheur, des couleurs qui n'appartiennent à aucun temps. ◆

Vendanges à Ayze: La vigne haut-savoyarde a pris une place de plus en plus importante, grâce aux soins des viticulteurs.

Les fleurons de la production départementale viticole : le Marin, le Crépy, le château de Ripaille, l'Ayze et la Roussette de Frangy.

A Douvaine, capitale du Crépy, accueil et hospitalité sont souvent synonymes de vin blanc de qualité.

C'est dans l'alpe ou dans les riches herbages des vallées que naissent les savoureux fromages savoyards. Affinés par des Maîtres fromagers tels les frères Boujon, ils sont de véritables ambassadeurs du goût et nous présentent un plateau de choix, avec, une variété de Tommes, Beaufort, Emmenthal, Chevrotin, Saint-Sigismond, Reblochon, Abondance, sans oublier le beurre de pays.

Charcuterie de pays: saucissons secs, saucisses aux herbes et jambons sont des spécialités locales fabriquées principalement à base de viande de porc.

Saint-Gingolph *(alt 393 m): Saint-Gingolph est une commune double qui se partage entre la Haute-Savoie française et le Valais suisse. Si le bourg compte deux écoles, deux mairies, il ne forme qu'une seule paroisse.*

L'embarcadère de la cité frontalière.

Le musée des barques du Léman retrace l'histoire des bateliers.

Meillerie *(alt 386 m): La batellerie et les carrières de Meillerie ont marqué l'histoire du village qui fournira les pierres nécessaires à la construction des villes du Léman: Genève, Lausanne, Thonon, Evian etc.*
Sur les pentes de la montagne des Mémises, ces sites escarpés ont inspirés Byron et Jean-Jacques Rousseau qui y situe quelques scènes de la Nouvelle Héloïse.

Eglise Saint-Bernard-de-Menthon (XIIe siècle) avec au premier plan une barque de Meillerie en ex-voto.

Le lac Léman est le plus vaste plan d'eau d'Europe occidentale (73 km de long pour une largeur maximum de 13,8 km et 582 km² de superficie). La frontière franco-suisse partage les eaux du Léman dont 53 km de rives savoyardes.

Excenevex (alt 375 m): Située dans le golfe de Coudrée, la plage d'Excenevex est une dune littorale de sable fin unique en Europe.

Publier *(alt 812 m): Sur les rivages d'Amphion, un petit temple votif dédié à la poétesse du lac, Anna de Noailles. Elle fut inhumée au Père Lachaise, mais c'est dans le cimetière de Publier que son cœur repose.*

Evian: Le dernier bateau de la nuit attend dans le port les joueurs du casino pour regagner la rive suisse.

Evian-les-Bains: sur les rives du Léman, Evian est devenue une station thermale de renommée mondiale. L'eau d'Evian, appréciée depuis 1789, jaillit de la source Cachat.

Evian *(alt 374 m): L'Hôtel de ville est installé dans la villa des Frères Lumière construite en 1885 de style classique français et inspirée de la Renaissance. Les accords d'Evian le 18 mars 1962 marquèrent la fin de la guerre d'Algérie. Evian fut en 2003 le siège du G8.*

Le palais des Congrès est devenu le lieu où sont organisées bon nombre de manifestations culturelles.

Les Thermes : dès le XVIIIe siècle, le Comte de Laizer a découvert les vertus curatives de l'eau qui jaillit dans les jardins du sieur Cachat.

Salle de concert Rostropovitch : les Rencontres musicales d'Evian ont fait la réputation internationale de ce festival.

L'ancienne buvette de la source Cachat chef-d'œuvre de l'architecture Belle Epoque, est l'œuvre de Jean Hebrard en 1903, l'âge d'or du thermalisme.

L'eau de source la plus célèbre du monde, née sur les contreforts du Chablais. L'eau sera filtrée naturellement après être passée sous terre pendant quinze ans.

Evian (alt 374 m): Au large d'Evian une flotte de vieux gréements : la Neptune, construite il y a 103 ans et classée monument historique, La Vaudoise, La Savoie et la barque l'Aurore. Autant d'embarcations qui constituent l'héritage naval du lac Léman. Ces embarcations, dont l'origine remonte au XVIe siècle, ont été restaurées ou reconstruites au moyen de gabarits légués par les charpentiers de marine.

Embarquement sur les quais d'Evian lors de croisières à thème sur ces anciens bateaux à voiles.

L'association Mémoire du Léman a reconstruit une des plus grandes barques, La Savoie. Avec ses 35 m de long, ses mats de 18 m, ses antennes de 29 m et sa voilure latine de 350 m², La Savoie, transportait jusqu'à 180 tonnes de pierres.

La Société Internationale de Sauvetage du Léman (SISL), créée en 1885 en Suisse voisine, comprend 34 sections qui ont assuré plusieurs milliers de sauvetages. Chaque année, les équipes se mesurent au travers de compétitions à la rame.

Dans cette petite mer intérieure, la pêche est une activité millénaire. Aujourd'hui 150 familles de pêcheurs professionnels vivent de part et d'autre du Léman et capturent environ 800 tonnes de poissons par an.

Abondance (alt 930 m): Le chalet double d'Abondance abrite souvent deux logements, de vastes greniers pour le stockage du foin et un balcon à balustres en mélèze. Le chalet est exposé au sud et stocke le bois et les vivres nécessaires pour franchir un long hiver.

C'est dans le mazot (grenier) construit à l'écart de l'habitation que l'on conservait ce que l'on avait de plus précieux: semences, linge, etc.

Un chalet d'alpage à Morzine avec un toit de lauzes coiffé d'une «bourne». Dans la cheminée on fumait viandes et charcuteries.

Le «baccal»: abreuvoir qui reçoit l'eau de source. Pointe de la Golèse.

Une chapelle rurale au Grand-Bornand avec son toit de «tavaillons» (tuiles de bois).

Les balcons de mélèze font la beauté des chalets du Val d'Abondance, de Viuz-en-Sallaz ou encore de la vallée de Thônes.

Transmis de génération en génération, les costumes de fêtes indiquent la vallée d'origine et le rang social.

L'achat de bijoux destinés à la fiancée s'appelait «ferrer l'épouse».

Les costumes, les chants et danses sont arrivés jusqu'à nous grâce au dynamisme des groupes folkloriques. La langue savoyarde appartient au franco-provençal.

Le cor des Alpes, un moyen ancestral de communiquer à travers les vallées.

Le costume traditionnel féminin exprime un rôle social et traduit la situation familiale ainsi que l'appartenance à une vallée.

Dans la vie paroissiale, la couleur des châles et des rubans est liée aux temps liturgiques.

Le costume masculin est très sobre, à la différence de celui de la femme, toujours plus élaboré. (Val d'Arly)

Un style venu d'Europe centrale, les clochers à bulbe coiffent les églises baroques. De gauche à droite, les clochers de Morzine, Montriond, Argentière.

Grand-Bornand

Cordon

Combloux

Thônes

Frangy

Mieussy.

***Cordon** (alt 871 m): Notre-Dame-de-l'Assomption est l'un des joyaux de l'art baroque. Construite dès 1727, Léonard Isler en a achevé la décoration en 1787. Elle est surmontée d'un clocher à double bulbe et lanterne.*

Les cloches de la maison Paccard, fondée en 1796 par Antoine Paccard, résonnent au sommet des églises du monde entier: des Liberty Bells américaines en passant par la Savoyarde de Montmartre, la plus grosse cloche coulée en France, un bourdon de 19 tonnes. La fonderie Paccard a créé un musée de la cloche sur les lieux de fabrication à Sevrier.

Les feuilles d'or d'une épaisseur d'1/100ème de millimètre sont mises en carnet à destination des doreurs qui les appliqueront sur les œuvres d'art.

Batteurs d'or : depuis 1834, la famille Dauvet perpétue ce savoir-faire ancestral. Par les alliages secrets de la fonderie, le batteur d'or obtient des nuances de couleur dans le précieux métal.

Les feuilles d'or produites ici ont été utilisées pour dorer entre autres le dôme des Invalides, les statues du Trocadéro, la statue de la Liberté à New-York etc.

Chamonix *(alt 1050m.): Dans un site grandiose au pied du Mont-Blanc, Chamonix est devenue la capitale mondiale de l'alpinisme. A l'arrière-plan, l' Aiguille Verte (4122 m) contemple la ville.*

Le chemin de fer du Montenvers, créé en 1908, permet d'accéder à la Mer de glace dès 1913. Auberge mondaine, l'hôtel du Montenvers a accueilli les visiteurs les plus célèbres de l'époque, Liszt, Victor Hugo, Goëthe et bien d'autres célébrités venues… à dos de mulets.

La Vallée de Chamonix

Une féerie fragile

«Grimpez si vous le voulez mais souvenez-vous que le courage et la force ne sont rien sans la prudence et qu'un moment de négligence peut détruire le bonheur de toute une vie.» (Edouard Whymper)

La citation, placardée dans le hall d'entrée, nous introduit brutalement dans l'univers tragique des accidents de montagne. En même temps, elle lui donne une dimension humaine qui rassure: nous sommes responsables de nos actes. A l'accueil, le gendarme de service me demande de patienter un moment: le capitaine doit arriver d'un instant à l'autre. J'ai le temps de méditer sur la citation.

En attendant, je fais quelques pas dehors. Un sous-officier, planté sur le balcon du bâtiment, braque ses jumelles sur le massif du Mont-Blanc drapé de neige fraîche, une neige d'octobre, de celle qui illumine comme aucune autre la montagne: les pics longtemps masqués par la tourmente sortent enfin des nuages et étincellent au milieu du ciel bleu. Un bleu profond. Quelques brumes traînent encore au pied des pentes. Lentement, elles se

Statue du docteur Michel-Gabriel Paccard, médecin et alpiniste (1757-1827), premier vainqueur du Mont-Blanc avec Jacques Balmat le 8 août 1786. Elle fut inaugurée en 1986 lors du bicentenaire de la conquête du Mont-Blanc. Michel-Gabriel Paccard a été maire de Chamonix.

L'ENSA (Ecole nationale de ski et d'alpinisme) a formé les meilleurs guides et moniteurs de ski depuis plusieurs générations.

désagrègent, laissant apparaître, sous l'or des mélèzes, une terre blanche. Spectacle unique: Chamonix, encore toute ruisselante, vibre de cette fraîcheur nouvelle. La nature a fait le grand nettoyage et les couleurs de la ville s'en trouvent ravivées: c'est un souffle de lumière qui a passé sur toute la vallée, faisant reluire les cimes, les arbres et les toits. Le bitume brille comme un clairon.

La gare du téléphérique de l'Aiguille du Midi (3842 m) a été créée en 1957. Elle est le point de départ pour la Vallée Blanche. De la plateforme, on a un point de vue exceptionnel sur les Alpes.

Construite au pied du Mont-Blanc dans un site naturel classé au patrimoine mondial de l'Unesco, Chamonix est une des capitales mondiales de l'alpinisme et une très grande station de sports d'hiver. Elle a organisé les premiers Jeux olympiques d'hiver en 1924.

Tunnel du Mont-Blanc: La vallée de Chamonix est reliée à la vallée d'Aoste en Italie par le tunnel du Mont-Blanc inauguré par le général de Gaulle le 16 juillet 1965.

Le capitaine finit par arriver. Il me reçoit, nous commençons à bavarder. A le voir ainsi solidement campé derrière son bureau et prêt en même temps à bondir pour aller porter secours au fin fond des montagnes, je me dis qu'il faut avoir une sacrée vocation pour faire ce métier. Lui, très simplement:

- Il faut aimer aller au secours des autres, aimer la montagne, aimer la mission du gendarme.

Et d'évoquer ces instants de griserie où ils se retrouvent, lui et son groupe, «parachutés» dans le lieu magique des faces nord pour sauver des vies. Pour aider également à établir la vérité sur les circonstances d'un

A l'occasion du bicentenaire de la conquête du Mont-Blanc, une reconstitution a eu lieu: le docteur Michel-Gabriel Paccard et Jacques Balmat partent vers l'inconnu des cimes en ce 8 août 1786, jour de conquête qui ouvrira une ère nouvelle où l'homme marchera pour la première fois à 4810 mètres d'altitude.

Lors de son voyage aux glaciers de «Chamounix» en 1760, Horace Bénédict de Saussure, naturaliste genevois, a promis une forte récompense à qui trouverait le passage pour atteindre le sommet. Ce n'est que 26 ans plus tard, que Paccard et Balmat vaincront ensemble le Mont-Blanc.
De Saussure a gravi le sommet en 1787 en compagnie de seize guides et des porteurs d'appareils de mesure afin de réaliser des expériences scientifiques.
Il est l'un des pères de la science des montagnes.

drame, le montagnard appuyant le gendarme de son expérience. Voilà une bien noble mission qui donne à l'aventure humaine sa dimension sociale.

Le capitaine Agresti est roué à la délicate épreuve de l'interview. Télés, radios, journaux, il est constamment sollicité. Normal: quand il y a un pépin en montagne, le PGHM est en première ligne. Il faut savoir peser ses mots, éviter de prêter flanc aux interprétations erronées, à la critique abusive, aux rumeurs d'un public prêt à s'enflammer. J'ai tout de même dû téléphoner à Paris pour avoir l'autorisation de le rencontrer; on n'a pas fait de difficultés.

Il poursuit sur l'enthousiasme qui les porte vers les situations de détresse, en caravane terrestre ou en hélicoptère. Ils partent en guerre. En guerre contre la mort. Avec une détermination qui les mène parfois

Au XVIIIe siècle la haute-montagne est un monde inconnu et reste pour le commun des mortels le domaine des mauvais génies. Pour le bicentenaire de la conquête (1786-1986) l'itinéraire pris par Paccard et Balmat a été balisé de torches. Cette voie est aujourd'hui abandonnée.

à la limite de la prudence, sur «le fil ténu» qui les sépare de l'accident. Car même si la sécurité maximale est de règle, même si leur démarche est «rationnelle», même s'ils ont enfin conscience d'être responsables vis-à-vis de leurs compagnons du PGHM et de leurs propres familles, ils n'en restent pas moins exposés. Avec de temps à autre la peur qui tourne autour d'eux. Il lâche avec une lucidité où perce une profonde humilité:
- On prend parfois des risques sans s'en rendre compte car la vie de la personne en danger compte avant tout.
Parfois aussi, ils accompagnent l'alpiniste malheureux dans ses derniers instants. Je l'interromps:
- Il faut avoir rudement confiance dans l'équipe, non?
- C'est fondamental.
Je suppose que face aux drames dont ils sont témoins et aux défaillances dont ils sont eux-mêmes victimes, les hommes ont besoin d'un suivi psychologique. Le capitaine marque un temps. Avouant que la question est

Jacques Balmat et H.B. de Saussure désignant l'objectif.

d'actualité, il affirme pourtant que le groupe joue le rôle de «soupape» plus que ne saurait le faire un intervenant extérieur. Cela se passe au cours de «briefings» où chacun se remet en question, évacuant, par l'exercice de la solidarité, les difficultés qu'il rencontre.

Une chose est sûre: pour être gendarme au PGHM, il faut être bon montagnard (avoir si possible le niveau d'un guide), savoir skier (être éventuellement moniteur), pouvoir donner des secours et en maîtriser les techniques élémentaires (les manoeuvres de corde par exemple), dresser des constats d'accidents, posséder des compétences linguistiques (qui peuvent s'avérer vitales selon les circonstances), être capable enfin de s'adresser à la presse. Aux tests sélectifs s'ajoute donc une formation spécifique: inutile de dire que les candidats doivent être fortement motivés! Si certains sont originaires de Haute-Savoie, beaucoup viennent d'ailleurs, mais avec l'expérience montagnarde requise.

Quant au capitaine, il a passé son enfance à Chamonix. Ses parents pratiquaient l'alpinisme de haut niveau. A l'époque, ils faisaient partie des premiers à fréquenter les sommets himalayens. A cette hérédité s'ajoute une vocation d'officier. Plus tard, il a alors le choix entre les chasseurs alpins et les gendarmes. Mais pour les premiers, la montagne n'est pas «prioritaire», alors il se tourne vers le PGHM qui est souvent amené, par ailleurs, à collaborer avec les guides.

- On accomplit avec eux une tâche de prévention et de formation auprès du public. Le message est plus fort car, là, on n'a pas l'image coercitive du gendarme. Tout au long de l'été, chaque samedi soir a lieu, au Majestic, une séance de prévention avec la présence du président de la Compagnie des Guides, Xavier Chappaz, du directeur de l'office du tourisme, Bernard Prudhomme, de moi-même ou d'un adjoint du PGHM. Souvent, il s'agit d'un débat lié à l'actualité montagnarde.

Pour les grosses opérations, ils ont parfois besoin d'une aide qualifiée, comme ce fut le cas lors de l'avalanche de Montroc. Là encore, les guides sont présents. De plus, des liens d'amitié les unissent.

Le capitaine hésite à peine quand je lui demande s'il n'aurait pas préféré être guide. Ses études à l'école d'officiers lui ont pris beaucoup de temps. Un temps qu'il ne pouvait pas consacrer alors aux grandes courses. Puis, recourant à l'image de Rebuffat, il rappelle que la fonction de guide est de faire découvrir «le jardin féerique» de la montagne. Celle du secouriste est de rechercher les gens. Une façon en somme de se compléter: le second intervient quand le jeu tourne mal. De toutes façons, cela ne l'empêche pas de faire le guide en emmenant des amis en montagne. Il me semble pourtant déceler une pointe d'amertume dans ses propos. Cela tient-il au fait que son poste à Chamonix n'est que temporaire et que d'ici trois ou quatre ans, il redeviendra simple officier de gendarmerie dans une autre région?

Il finit par lâcher:

- Un jour peut-être.

Un jour peut-être, riche de son expérience de secouriste, il fera à son tour découvrir ses jardins secrets.

***Argentière** (alt 1252 m): Cascade de glace Shiva Lingham.*
Les guides François Damilano et Jean Annequin comptent parmi les meilleurs glacieristes alpins.

Un décret du Roi de Sardaigne, Charles-Félix, a créé en 1823 la Compagnie des Guides, à l'origine composée d'une trentaine de membres classés en guides, aspirants et porteurs. Quelques guides d'alors s'appellent Michel Croz, Joseph Ravanel, Armand Charlet, Luc Tournier.

Le 15 août a lieu la fête des guides et la bénédiction des cordes et piolets sur les marches de l'église Saint-Michel.

Musée alpin: Le musée offre un voyage à travers la conquête des montagnes, matériel d'autrefois, cartes..., et autres expositions de prestige.

Ce qui lui plaît surtout dans son métier, c'est partir en équipe, «à l'ancienne» (c'est-à-dire en constituant une caravane terrestre).
- On prend la benne. Même la nuit, car on la fait tourner pour nous. On marche des heures avec la boussole et la carte.

Il insiste sur cette notion de temps. Car c'est dans la durée qu'on expérimente la solidité du groupe, ses facultés intellectuelles, ses ressources mentales, ses capacités techniques, tout ce qui fait du sauvetage une véritable aventure. J'éprouve subitement un malaise diffus: la course contre la mort semble confiner au jeu de piste! Scrupule sans fondement: le combat est l'essence même du métier. Il en est la motivation profonde. La stratégie déployée doit venir à bout des obstacles que nous oppose le destin. Sans doute le secouriste découvre-t-il dans la lutte et l'abnégation une dimension inconnue de ses semblables.
Dans l'arène blanche, au milieu des parois de granit, se jouent, l'air de rien, de grandes tragédies. Au grand air de la nuit, les hommes, victimes et sauveteurs, crient en silence. Ils exultent, pleurent et supplient au fond d'eux-mêmes. Et dans le silence des cirques blanchâtres, ils peuvent voir des étoiles au ciel de leur âme. Sans l'incertitude de l'issue, il n'y aurait pas de combat. Le métier de secouriste est un pari contre le destin. Il affirme à la face du monde sa dignité. Dans les montagnes, comme au feu, le sauveteur est

L'Aiguille du Midi (3842 m), la face ouest et le col du Midi. En fond, l'Aiguille Verte. Un ensemble d'une majesté à couper le souffle.

confronté aux flammes. Mais ici ce sont des «flammes de pierre». Entre lesquelles il faut se mouvoir, écrasé par tant de féroce beauté.

Son plus beau souvenir est celui d'un couple parti un peu tard pour faire la descente de la Vallée Blanche. On est en février-mars. Au beau milieu du glacier, la femme tombe dans une crevasse. Le corps à moitié enfoui. Mais impossible pour le mari de la sortir de là. A chaque mouvement, le corps tend à s'enfoncer davantage. La nuit tombe. Pour comble de malheur, le mauvais temps s'est abattu sur le massif. Difficile de les situer. Une première caravane se lance à leur recherche. En vain. Le capitaine part alors derrière avec deux équipes. Ils se retrouvent bientôt sur le glacier, en pleine tempête et en pleine nuit, au milieu des crevasses. A deux heures du matin, ils parviennent enfin à les localiser et réussissent à sortir la femme. Elle est en hypothermie. Complètement épuisée. Ils ont du mal à la transporter.

- Autour de nous, le danger d'avalanches est de plus en plus grand. Les pentes sont raides. Au bout d'une heure de descente, le mari tombe et se fait une entorse au genou. Il faut l'installer sur un traîneau. Finalement, on rejoint la vallée à cinq heures du matin.

Tout était réuni, conclut-il, pour que ce sauvetage reste un grand souvenir: la longueur des recherches, un engagement humain important, la satisfaction surtout

de ramener les gens vivants. Car l'échec est toujours difficile à assumer.

Quand la mission tourne mal, c'est terrible en effet. Et le plus dur, c'est de recevoir les familles endeuillées et leur donner les explications sur les circonstances du drame. Me défendant de toute curiosité morbide, je lui demande un exemple précis.

- L'avalanche de Montroc, dit-il.

Je mesure à quel point celle-ci reste douloureusement présente dans tous les esprits.

(Et le restera longtemps encore. Car dans les vallées, on a du mal à soigner les plaies. Comme si leurs flancs abrupts empêchaient une bonne cautérisation. Il faut vivre avec des larmes qui viennent régulièrement lécher le souvenir. Puis ça s'estompe. On apprend la dignité. Et peut-être la dureté. Ici, il n'y a pas que les rigueurs du climat qui forgent le caractère.)

Il n'en dira pas plus. Je n'insiste pas. Sauf pour lui demander s'il a des souvenirs cocasses. Il me fait part alors de la surprise qu'éprouvent parfois certains étrangers devant les moyens déployés pour les secourir. Une fois même, un Coréen a sorti son chéquier sur place, ignorant qu'en France les secours sont gratuits.

- Parfois, on tombe sur des originaux, des anciens, des poètes.

Puis il se met à sourire et raconte qu'un jour, ils ont

Sur le belvédère de la gare d'altitude, des télécabines conduisent les visiteurs à la découverte de la Mer de Glace.

essayé d'interpeller un exhibitionniste qui descendait la vallée blanche à skis.
(J'imagine le type, le ventre à l'air, blanc sur blanc, avec le froid mordant qui court sur sa peau, grisé de vitesse, hurlant à la face des montagnes et des hommes sa joie sauvage d'être nu, nu comme la neige. Son épiderme se fond dans le monde minéral. Comme un loup, il fonce vers la vallée.)

Les gendarmes se sont lancés à sa poursuite, mais le gars filait vite. Et quand ils sont arrivés dans le secteur où il ne pouvait plus leur échapper, impossible de le repérer: il avait eu le temps de se rhabiller.
- Et les gens en baskets sur les glaciers?
- On n'en voit pratiquement plus. Il faut détruire ce genre de clichés. Les gens sont bien équipés. De bonnes chaussures, du bon matériel, des vêtements en Gore-tex. Nous en venons naturellement à parler des dangers de la montagne. Contrairement à ce que beaucoup pensent, ce n'est pas, selon le capitaine, un milieu hostile. Bien sûr, il y a les dangers objectifs comme les avalanches ou les chutes de pierres.
- Mais le grand danger, c'est l'homme. Avec sa vision restrictive. Le danger vient d'un mauvais choix initial: on part mal préparé ou avec un mauvais compagnon, on n'a pas pris la météo, on n'a pas d'autonomie dans le sac, on fait une erreur d'itinéraire. Un petit choix qui

Mer de Glace: Découverte par l'Anglais Willian Windham en 1741 et baptisée par lui. «On dirait une mer agitée d'une brise qui aurait gelé tout à coup», a-t-il déclaré à l'époque. La découverte par ces premiers touristes anglais, grimpant jusqu'au Montenvers, a été un véritable exploit. Le glacier de 14 km de long est toujours en mouvement.

n'a l'air de rien, ajouté à un autre petit choix qui n'a l'air de rien, conduit à une situation dramatique. C'est ça qui tue le plus. On ne sait pas appréhender la montagne correctement, simplement. Quatre-ving-dix pour cent des accidents en montagne sont dus à une appréciation erronée au départ de la course. Il poursuit sans cacher son agacement:
- Moi, j'étais plutôt pétri de visions à la Rébuffat. Maintenant, comme cet été, il m'arrive de dire: la montagne n'est plus belle. «Ramasser» huit ou neuf morts en trois jours et se retrouver confronté à la famille qui pleure la perte d'un père, d'un mari, d'un frère, c'est terrible.
Le cynisme du mot trahit la révolte en même temps qu'une sorte de désenchantement. Comment en effet ne pas se sentir désorienté par le cortège de tous ces gens qui débarquent à Chamonix et se lancent tête baissée dans le massif du Mont-Blanc.
- Beaucoup n'ont rien à y faire. Ils viennent ici en consommateurs. Leur approche est trop rapide: ils n'ont pas beaucoup de temps et les créneaux météo sont restreints. Ce qu'ils veulent, c'est «s'éclater». C'est leur mot. Du coup, ils ne sont plus en phase avec la nature et se retrouvent vite effrayés par les difficultés.
Alors, ils sortent leur portable. Et les rotations commencent. On compte de nombreux appels abusifs.
- Trop de gens manquent de culture montagnarde.

Le Mont-Blanc *(alt 4810 m): C'est la chaîne montagneuse la plus importante d'Europe, répartie sur trois pays: la France, l'Italie et la Suisse.*

Il faut gravir les échelons pas à pas. Savoir rester humble. Et lucide.
S'interdire la «démarche malsaine» de tous ceux pour qui le Mont-Blanc représente la première et la dernière course de leur existence.
- Cette année, quinze mille personnes ont tenté le Mont-Blanc. On monte plusieurs fois par jour pour récupérer des personnes défaillantes. Ou simplement fatiguées.
Le constat est pour le moins inquiétant, d'autant plus que ce comportement irresponsable finit par dégrader la motivation des secouristes.
Côté chiffres, on comptabilise 1 100 interventions pour 1999 (hiver et été confondus). Celles-ci sont évidemment en hausse en raison de la fréquentation accrue du site et de la multiplication des sports de montagne. Cinquante quatre pour cent de ces interventions concernent des Français avec, en premier lieu, les habitants de la région Rhône-Alpes, en second ceux de la région parisienne. Le capitaine me montre des documents. Je ne peux résister à la tentation de nommer les pays étrangers: la liste, établie suivant l'ordre de fréquence des interventions, exprime proportionnellement le taux de présence de chaque nationalité et montre, s'il en est encore besoin, que Chamonix est bien la capitale mondiale de l'alpinisme. Ainsi, sur les 46% d'étrangers, 8% sont originaires de Grande-Bretagne, 6% d'Allemagne,

5% d'Espagne et presque autant de Suisse. Viennent ensuite l'Italie, la Pologne, Israël, la Finlande, la Belgique, les Pays-Bas, le Danemark, la Slovénie, la Tchécoslovaquie, les USA, le Canada, l'Autriche, la Hongrie, la Roumanie, le Japon, Andorre, le Pérou, la Grèce, la Suède, etc. En 2001, le nombre d'interventions pour les Français et les étrangers sera équivalent.
Inévitablement, on en vient à évoquer le problème de la responsabilité.
- C'est très simple. La montagne est un espace de liberté, mais pas plus que la forêt, la mer ou d'autres endroits. On ne peut pas être exonéré de notre responsabilité sous prétexte qu'il y a des risques. La responsabilité s'assume pleinement, vis-à-vis des autres et pour soi. On ne se situe pas en dehors du champ d'application des lois françaises: si on fait tomber une pierre sur la tête de son voisin, on est reponsable. En même temps, la démarche du montagnard implique la prise de risque. C'est un contrat avec soi: j'accepte d'avoir froid, d'avoir des pierres qui me tombent dessus. J'accepte la montagne telle qu'elle est. J'accepte les risques objectifs.
- Ça veut dire accepter que d'autres y soient et fassent une erreur?
- Oui, mais ça veut dire aussi que parmi les choix qu'on fait en montagne, il faut intégrer qu'on n'est pas seul sur terre.

Vallée Blanche: Au sommet de l'Aiguille du Midi, l'accès à la Vallée Blanche passe par une arête aérienne qui ouvre un immense champ de ski dans un paysage de glace et de neiges éternelles.

Le téléphérique de l'Aiguille du Midi grimpe le long de verticales parois de granit avec soixante-six passagers à bord, transportés à 3795 m d'altitude.

Au dessus des séracs et des crevasses géantes, l'hélicoptère de la Sécurité civile veille sur les skieurs.

La Vallée Blanche, une descente à skis sur 20 km le long de sommets mythiques : la Dent du Géant, les Grandes Jorasses, les Drus, les Grands Charmoz.

Le départ de la Vallée Blanche présente une arête vertigineuse et un panorama exceptionnel sur les Alpes.

L'Aiguille du Tour (3542 m) vue du refuge Albert 1er.

Entendons par là que l'autre existe avec ses insuffisances ou au contraire doté d'un niveau bien plus élevé que le nôtre.
- Si quelqu'un devant soi change tout à coup d'itinéraire, on ne doit pas s'obstiner à faire la même chose mais être capable de faire demi-tour, de s'arrêter, d'avoir en somme une démarche active: «Je n'attends pas que les autres prennent une décision pour moi. Je m'assume.»

Je me sens en parfaite harmonie avec les propos du capitaine. Du coup, je lui signale que j'ai publié un ouvrage sur les Alpes du Nord dans lequel j'encourage l'approche sportive et active du milieu montagnard, proposant aux passionnés de randonnée la découverte de lieux sauvages.
Sa réplique est immédiate:
- Il faut que les gens restent sur les classiques. Pourquoi vouloir absolument répartir la surfréquentation? Les gens veulent aller au Mont-Blanc? Qu'ils y aillent. Tant pis s'ils dorment les uns sur les autres en refuge. Si on commence à répartir la population partout, on n'aura plus d'endroits où trouver la paix.

Je tâche de cacher mon étonnement: je pensais que le secouriste aurait abondé dans mon sens. Evidemment, il faut qu'il mette tout de suite le doigt sur ce qui peut paraître contradictoire dans ma démarche: vanter le charme des lieux sauvages pour les transformer en espaces publics! Le plus agaçant, c'est qu'il a raison. Enfin, en partie. Car il me semble tout de même louable de vouloir partager des émotions et faire découvrir des richesses aussi secrètes que peuvent l'être parfois nos envies d'aventure. C'est une façon d'éduquer. Et après tout, on sait bien que les gens ne vont pas se ruer pour autant vers ces lieux magnifiques et austères! Il insiste cependant:
- Si vous voulez qu'un jardin secret reste secret, il ne faut pas en parler. Une démarche très forte en montagne,

Sur les sentiers escarpés du lac Blanc, un randonneur et son fils, près d'un Cairn, admirent la Mer de Glace, l'Aiguille Verte, les Drus.

Massif des Aiguilles Rouges: Elles doivent leur nom à la lumière du soleil levant.

c'est la démarche initiatique: à chacun de faire sa propre progression, de trouver ses endroits. Il ne faut pas se laisser conduire en aveugle par son chien mais se prendre par la main et adopter une démarche originale. On doit préserver des lieux inconnus et éviter de tout défricher. C'est extraordinaire d'avoir le sentiment de fouler un sol vierge: la montagne est un lieu où il faut chercher son chemin.

Je comprends. En même temps, n'y a-t-il pas là une résurgence du tempérament savoyard qui veille jalousement sur ses possessions? A propos de jardin secret, je lui demande si les cristalliers existent toujours. Bien sûr, me dit-il.

- Mais ramasser des cristaux, c'est interdit ou pas? Il y a pas mal de bruits qui courent là-dessus...
- Ce n'est pas interdit, ce sont les moyens disproportionnés mis en oeuvre qui le sont: l'hélico, les explosifs... Mais le cristallier qui prend son sac à dos pour aller ramasser des cailloux au burin, ça ne pose aucun problème.
- Certains ne se retrouvent-ils pas en position difficile, parfois? Ils vont dans des coins très exposés...
- Il leur arrive de prendre des risques. Certains n'osent pas nous appeler...
- Ils parviennent à vivre des cristaux?
- Ils ont leur métier de guide à côté. De toutes façons, ils ne sont qu'une poignée dans la vallée.

Soudain, le téléphone. Il décroche. Tout en considérant la carte en relief du massif du Mont-Blanc qui occupe une bonne partie du mur, je ne peux m'empêcher d'entendre le capitaine répéter, ravi, à son interlocuteur: «Tu as bien fait, Xavier... Excellente idée... Bien sûr...» Au bout de quelques minutes, le capitaine repose le combiné et commente, en évoquant les intempéries qui sévissent sur les Alpes et prennent une tournure dramatique de l'autre côté de la frontière:

- La France va envoyer des convois en Italie par le tunnel du Mont-Blanc. Xavier Chappaz, le président des guides

Refuge Albert 1er: Sur le balcon, deux alpinistes admirent le couchant sur le glacier du Tour et les Aiguilles Rouges.

La randonnée pédestre conduit les marcheurs au cœur d'une nature alpestre qui s'ouvre sur des paysages inoubliables.

La montagne, paradis des sportifs, vététistes, et autres randonneurs.

L'association Cairn guide et accompagne les randonneurs à dos de mulets.

De la réserve naturelle des Aiguilles Rouges, vue sur les sommets.

de Chamonix, me proposait, de son côté, de faire appel à la Société chamoniarde des secours en montagne et de réaliser ainsi un acte de solidarité.
Il explique, en mettant l'accent sur ce geste d'amitié:
- Les guides de Chamonix ont beaucoup d'amis parmi ceux de Courmayeur. Il faut aussi savoir que là-bas, ce sont les guides qui s'occupent essentiellement des secours.

Je ressens presque l'excitation du journaliste qui vient de faire un scoop. En même temps, je pense à ce que me disait Georges Lacroix quand je suis passé le voir à Scionzier en début d'après-midi: la vallée avait frôlé la catastrophe! Il affectait le sourire revanchard de celui qui a toujours dénoncé, sans parvenir à se faire entendre, la mauvaise gestion de l'environnement:
- Il s'en est fallu de quelques centimètres. L'eau des torrents a failli déborder des ouvrages qui la captent et enjambent la vallée en plusieurs endroits.

Je reviens à la carte murale avec ses pointes et ses creux et le vaste nappage des glaciers. En la désignant, je demande au capitaine:
- Vous avez un coin préféré, je suppose? un paradis secret?

Son doigt se dirige vers l'Aiguille Verte puis décrit un cercle autour du glacier du Talèfre.
- C'est un secteur magnifique et très sauvage.
Souvent, il emmène également des amis faire une course relativement facile et qui possède beaucoup de charme: la Pointe Isabella. Il ne veut pas être en reste avec les massifs environnants et vante les panoramas merveilleux qu'offrent sur le Mont-Blanc la Pointe Percée ou, plus proche, le Désert de Platé.

Vol et pose sur les glaciers: Dans le massif du Mont-Blanc, quelques pilotes téméraires, titulaires de la qualification «montagne», viennent se poser sur les altisurfaces du Glacier du Tour, du Taléfre et du Glacier d'Argentière.

- Finalement, qui fréquente la montagne?
- Les classes aisées. Surtout pour le ski qui coûte plus cher. Quant à l'alpinisme, c'est un peu plus ouvert. Certains montagnards, par exemple, viennent des pays de l'Est et sont souvent chômeurs ou sans argent. Globalement, on peut dire que les activités de pleine nature sont pratiquées par les cadres moyens.

Depuis un moment, je pense à mon arrivée, tout à l'heure, à Chamonix. Et le malaise que j'ai ressenti, une fois de plus, en parcourant les rues de l'agglomération.

Le pilote et son passager testent la neige.

otage en relief montagneux et les violents donnent à cette discipline ensations saisissantes et magiques.

Vallorcine *(alt 1265 m): Au Col de Balme, sur la frontière franco-suisse, contrôle par une patrouille de douaniers skieurs.*

Sur la frontière, autrefois haut-lieu de contrebande, les patrouilles de douaniers sont toujours présentes.

Borne frontière érigée en 1738, au Col de Balme, séparant le Valais suisse et le territoire de la Maison de Savoie.

Mont-Blanc vu du Brévent. Le téléphérique permet d'accéder au sommet du Brévent à 2525 m qui offre un panorama exceptionnel sur Chamonix et le massif tout entier.

Désert de Platé, le plus grand désert de lapiaz d'Europe (45 km²) à 2000 mètres d'altitude. Le plateau, creusé par les eaux, est accessible depuis Flaine ou à partir du plateau d'Assy.

A gauche et à droite vitraux de Rouault, en haut au centre une mosaïque de Fernand Léger, au dessous deux œuvres de Marc Chagall.

Notre-Dame-de-Toute-Grâce de l'architecte thononais Maurice Novarina: Cette église, construite de 1937 à 1950, est un véritable sanctuaire de l'art moderne. Le chanoine Devémy fit appeler Lurçat, Bonnard, Matisse, Léger, Braque, Chagall, Bazaine, Kijno, Richier, Rouault, Stravinsky et Bercot.

La route des sculptures à Passy donne à découvrir des œuvres d'art contemporain exceptionnelles. Ici «Le stabile» monumental de Calder.

ouches (alt 1008 m) (page de gauche):
n promontoire dans le parc du Merlet face au Mont-Blanc, le
t-Roi fut élevé à l'initiative de l'abbé Claude-Marie Delassiat.
sée en béton, la sculpture, haute de 25 mètres, pèse 500 tonnes.
st l'œuvre du sculpteur Serraz et fut inaugurée en 1934.

Servoz *(alt 817 m): Né sur le versant du Buet, le torrent de la Diosaz franchit une succession de sept cascades au fond d'un étroit défilé. Ce site, aménagé dès 1874 pour le tourisme naissant, par Achille Cazin, constitue une des merveilles de la nature.*

Le clocher de la Chapelle du hameau des Praz, avec, en arrière plan, les Drus (3754 et 3733 m) et l'aiguille Verte (4122m).

Venus du monde entier pour découvrir la montagne, les amateurs d'air pur écrivent leurs souvenirs en photos.

Je m'y sentais étranger plus qu'en toute autre ville alors même que la montagne m'est familière et que je viens régulièrement dans la vallée. Sans doute cela tient-il au mythe qu'elle entretient: tant de grands noms sont venus entre ses murs! Elle a été le théâtre de tant de drames et tant d'exploits! Combien de récits d'ascensions et de fictions ne font-ils pas référence aux lieux incontournables de la cité: la gare, le cimetière, le bureau des guides, tel bistrot, tel commerce, telle rue, tel momument! Sans compter les alpages, les hameaux, les bois et les torrents tout proches dont on entend prononcer un jour ou l'autre les noms! Et les équipements touristiques célèbres dans le monde entier! Il y a de quoi intimider. Mais surtout, il y a ces grandes maisons bourgeoises qui veillent jalousement sur le patrimoine de la vallée. Leurs façades hautaines semblent dire: on vous a ouvert le pays, on vous a prêté nos guides, mais c'est tout. Nous avons nos histoires, notre monde, nos biens, notre âme. Et ça, vous ne l'aurez jamais car il faut être né ici pour pouvoir seulement y prétendre. Sur les champs de neige, la montagne se démocratise. Ici, l'écho même des sonnailles a quelque chose d'aristocratique.

A Chamonix, plus qu'ailleurs, cohabitent des mondes d'une diversité stupéfiante comme l'alpinisme de haut niveau et le milieu de la spéculation, la société paysanne et le tourisme bourgeois, des mondes séparés par des abîmes d'Histoire et de traditions, le tout brassé par le va-et-vient des étrangers, le tourbillon des modes, les motivations politiques, les alibis culturels, les intérêts commerciaux...

C'est ce qui fonde aujourd'hui l'identité de la ville. Et à travers elle, celle de la Haute-Savoie. Terre de constrastes. Qui puise par là sa force. Mûris sous le versant montagnard, exposés aux risques naturels (glaciers, poches d'eau, pluies torrentielles, avalanches), les hommes se sont endurcis. Riches de tant de sévères beautés, ils ont dû avec le temps accepter le regard des autres sur leurs possessions. Pour mieux tirer parti de leur patrimoine. L'âme de la région est dans cette ouverture forcée.

Et ce qui me paraît concentrer cette double appartenance au monde sublime des cimes et à celui du quotidien, au monde d'en haut et à celui d'en bas, au monde fermé et au monde ouvert, au monde ancestral et à celui d'aujourd'hui, c'est la quête du cristallier.

Prisonnières de la roche et riches de leur solitude, ses pierres reflètent les facettes d'un monde en perpétuel mouvement, elles brillent dans la nuit des montagnes.

Je traverse la ville. Boutiques de sport. Equipements divers. Présentoirs de bijoux. Etalages de pierres. Mannequins aux poses nonchalantes. Restaurants et pâtisseries. Video. Agence immobilière. Bureau de location. De nouveau, des magasins de vêtements. De grandes marques. Dans la vitrine, des gilets et des chemises comme on en voit dans l'Ouest américain. Je pense à Gary Hemming.

Un large rayon de soleil illumine le cimetière. L'ultime rayon avant que la brûlure ne soit aspirée par la montagne. On se sent attiré par la fête des feuillages autour des tombes. Et toute cette avalanche de verdure qui dévale les pentes sous les glaciers pour s'arrêter brutalement au-dessus des croix. Seul, le ronflement du torrent de Blaitière trouble le silence. Je pénètre timidement dans l'enceinte. Les grands noms

Combloux *(alt 960 m): Situé dans un panorama exceptionnel sur la chaîne du massif des Aravis, cette station de ski a conservé son âme villageoise. Son église Saint-Nicolas, du XVIIIe siècle, est surmontée par un clocher à double bulbe avec balustre qui en fait le plus beau clocher du département. En fond, le massif du Mont-Blanc.*

Le Mont-Blanc *(alt 4810 m): Son sommet appartient à la commune de Saint-Gervais.*

Fête des Guides – Photo traditionnelle des guides du Val Montjoie.

de l'alpinisme me regardent à peine passer. Comme les autres, élevés par la souffrance dans les hauts lieux. Certains ont les yeux qui brillent dans le crépuscule doré. Ici, pas de mort. Pas de pleurs. Seule, la grandeur des hommes disparus. Car la pierre frissonne comme les hauts rochers sous les premiers grands froids. J'imagine le cimetière perdu au milieu d'un cirque de pierraille, entouré de flèches de granit. Et tous ces morts, dressés dans la lumière de l'aube, le front fixé vers les parois, échafaudant des projets d'ascension pour l'éternité.

«Unis jusque dans la mort, victimes de la tourmente»
Des noms: Ravanel, Lionel Terray...
«A nos camarades tombés au Peigne»
«Mort accidentellement à l'Aiguille du Roc»
«Morts pour la France»
«Il repose au pied des cimes qu'il aimait passionnément»
Des noms: Couttet, Claret-Tournier...
Je poursuis le pélerinage en empruntant l'allée périphérique, pareille à un déambulatoire. Au-dessus de ma tête, la montagne blanche.
«Pris par une avalanche à la combe du lac Cornu à l'âge de 18 ans»
«Puisque vous êtes ressuscités avec le Christ...
Ayez le sens des choses d'en haut, non des choses de la terre»
«... à la descente du Grépon, quand vint la nuit»
Des noms: Simond, Devouassoux, Frison-Roche, Carrel, Balmat...
«... tué à la descente du Grand Prix de Megève...»
«...champion du monde de ski, victime de la tragédie de la Verte en 64»
«Toute personne susceptible de communiquer des renseignements sur cette tombe est priée de se présenter en mairie, service relations publiques»
«Mort au champ d'honneur»
Des noms: Charlet-Straton, Terraz...
«Tombé à l'Aiguille du Dru»
«Mort à l'Aiguille de l'Index»
D'habitude, on dit le Dru, l'Index. Mais pour la circonstance, on traite la montagne avec respect. La mort est plus noble.
«Tombé dans une crevasse au plateau de la Vierge... Vallée Blanche...»
«Disparu à l'Aiguille Verte»
«Décédé à l'Aiguille du Dru, victime de son dévouement»
Assis à l'angle d'une tombe, fumant la pipe, un vieil homme à la barbe blanche, vêtu d'un manteau vert foncé et coiffé d'un chapeau à larges bords. Tête inclinée vers le sol. Perdu dans ses pensées. Un peu plus tard, je le vois franchir la grille. Quand, à mon tour, je quitte le cimetière, je le retrouve à quelques pas de là. Nous échangeons quelques mots. Aimable mais pas bavard.

L'appel des cimes est très tôt présent à Saint-Gervais. A la fin du XIXe siècle, les premiers touristes étrangers ont trouvé des guides-paysans pour les accompagner en montagne. Cette culture des cimes est très vivace et la traditionnelle fête des guides en perpétue la tradition.

Saint-Gervais-les-Bains *(alt 850 m): Le tramway du Mont-Blanc grimpe à petite vitesse jusqu'au Nid d'Aigle (2372 m) atteint en 1912. Saint-Gervais possède le train à crémaillère le plus haut de France.*

L'une des stations-gares du T.M.B.

Je lui demande un peu brutalement:
- Vous vous intéressez à la montagne?
Lui, avec un accent étranger:
- Comme tout homme qui se respecte.
Ses yeux sont restés lointains. Ils semblaient contenir une vague de tristesse portée par le souvenir. Et c'est ce qui me fascinait depuis un moment chez ce petit homme sec au visage hâlé par l'altitude: cette façon de vous ignorer, d'ignorer jusqu'à sa propre existence, pour ne pas crever la toile tendue sur les vestiges d'un destin unique.

Je le regarde s'éloigner vers le centre ville. Silhouette discrète. Secrète.

Je reste un instant debout au milieu de l'ultime rayon de soleil. Le jour palpite sur une tombe nappée d'or. Le feuillage illuminé dessine une gerbe de fleurs au-dessus de la croix. La saison est finie. Mon livre aussi. Les choses elles-mêmes célèbrent la fin de mes rencontres. Mais elles ne reflètent pas plus nos pensées que nous ne les reflétons. Nous vivons dans le même temps qu'elles. Dans la même seconde. Et quand nous venons à surprendre ce miracle, notre âme s'emplit de bonheur. Les grandes émotions viennent de là. De cette intuition que nous ne sommes rien. Et que les mots, gravés en lettres de feu sur la pierre, ne comptent pas plus que l'étrange langage des lichens sur le granit des arêtes. Les beaux lichens rouges.

Bientôt, la glace va recouvrir les cimes. Et les rendre plus belles encore. Plus inaccessibles. Défiant l'imagination. Mais l'homme, dans le fond, n'aime pas les rêves. Il lui faut des défis. Ce qu'il veut: entendre crisser la neige des légendes sous ses propres pas, fouler les royaumes interdits de son enfance, croiser le regard acéré des aigles. Exister dans l'ombre froide pour mieux jaillir dans la lumière!

Le voici donc qui prend le rocher à pleines mains.

Saint-Gervais-Les-Bains, célèbre pour son thermalisme est aussi réputée pour la qualité de ses sources d'eaux chaudes découvertes en 1806.

Les thermes de Saint-Gervais.

Megève: Le vieux bourg et l'église Saint-Jean-Baptiste avec son clocher du XVIIIe à double bulbe et son carillon.

La place de l'Hôtel de ville est interdite aux voitures et les déplacements s'effectuent en traîneau à cheval.

La Maison Allard de Megève, créateur du pantalon fuseau en 1930 libérera les skieuses et skieurs de leurs mouvements.

Megève *(alt 1113 m): Environnée par la chaîne des Aravis et du Mont-Blanc, Megève est une station de renommée internationale. Créée à l'origine par la baronne Noémie de Rothschild, Megève a conservé ses traditions agricoles et de nombreux pluriactifs se partagent entre ski et agriculture. Dans cette station à l'hébergement luxueux, le grand cuisinier trois étoiles, Marc Veyrat accueille les gastronomes à «La ferme de Mon Père». L'architecte Henri-Jacques Le Même a marqué de son style cette prestigieuse station.*

Altiport de Megève, à la côte 2000, où officie l'excellent pilote de montagne Jacques Brun.

Vallorcine (alt 1265 m): Bataille de Reines: «Les vaches noires» du Val d'Hérens en Suisse voisine ont un instinct combatif qui les fait se mesurer pour devenir reine du troupeau. Les batailles sont organisées aux Houches, à Vallorcine et à Servoz.

Dans la réserve naturelle des Contamines-Montjoie, la nature s'éveille après le long hiver.

La pierre monstrueuse qui l'épouvantait d'en bas. Se demandant tout à coup si c'est bien lui qui accomplit ce geste et se déplace au milieu du ciel, sur le fil blanc de l'arête. Etonné. Etranger tout à coup à lui-même. Par sa seule volonté. Existant enfin. Palpant son bonheur et sa souffrance, sa peur et son courage, son cri d'amour et sa solitude soudaine. Ne les reconnaissant pas. Pas plus que l'or des parois, les effilochements bleuâtres et les brumes. Son rêve transpire. Il crache des mots tendres, vomit la douleur, épuisé d'amour sauvage et de neige triste. Chaque fois que l'alpiniste pitonne, c'est un un clou qu'il enfonce dans la chair de ses rêves. Echo suave.

Mais voici qu'il a faim et soif, qu'il tremble et pleure. Pouvoir se dire que ce n'est pas réellement soi qui se débat dans la montagne mais cet autre qui rôde aux confins de sa propre mémoire. L'enfant dont le regard a inscrit son destin dans les flèches de granit. Et puis, sentir la mort venir. Disparaître comme dans un conte. Avec en soi la passion d'exister. Une passion inhumaine.

Il faut beaucoup de courage pour donner à la montagne un visage familier. Il en faut davantage pour ne voir en elle qu'une montagne. Il en faut bien plus encore pour en faire un paradis accessible.

Beaucoup de courage et d'orgueil.

Mais tant qu'il y aura des rêveurs qui mourront de leurs rêves, le monde restera éternel.

On est en droit de le penser.

Les Lindarets *(alt 940 m): Dans ce hameau pittoresque situé au-dessus du lac de Montriond, aux chalets couverts de tavaillons, la chèvre est l'animal fétiche.*

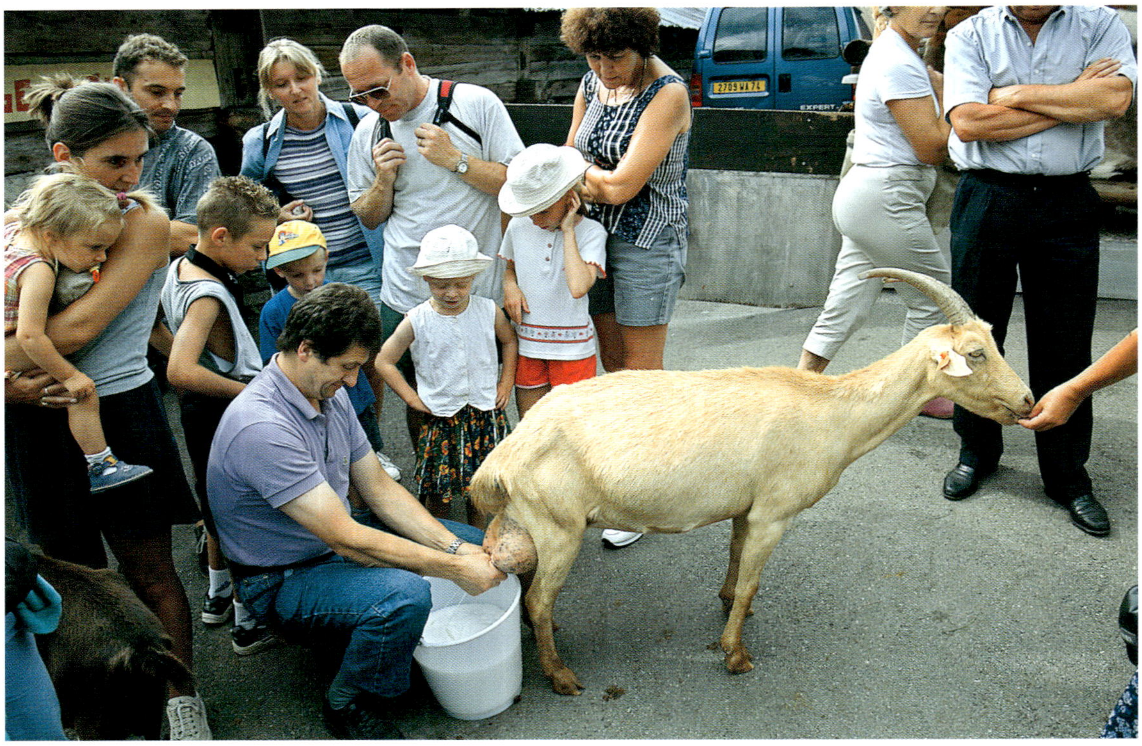

Dans les bistrots oú en spectacle, Jean-Marc Jacquier et la Kinkerne interprètent les musiques traditionnelles de Savoie et des Alpes.

La machine à «goutte»: L'alambic va de place en place distiller les fruits du terroir, prunes, pommes, poires, gentiane etc.

Le cidre: Quelques agriculteurs pressent encore pommes ou poires.

Les Bords de l'Arve

La nature rêvée

Sur l'Albanais, de longues éclaircies déchirent les nuages. Ça fait de vagues planètes bleues aux rives floconneuses. Au-delà du col d'Evires, la vallée de l'Arve est comme paralysée sous une couverture immobile. Par endroits, là où, par exemple, s'amorce la vallée du Borne, des panaches remontent le long des parois humides et stagnent dans une forme d'épaisseur blanchâtre.
Scionzier. La ville, située à l'écart des grands axes, est la plupart du temps ignorée du flot des touristes qui se ruent sur Cluses et les stations de sports d'hiver. Il faut aller dans le vallon du Reposoir pour la traverser. On devine d'ailleurs, sous les brouillards, la gorge qui s'enfonce entre les rochers luisants de pluie. Sous les escarpements sinistres, la place de l'Hôtel de Ville exhibe, avec ses bâtiments clairs, tout le charme de la cité de montagne, à la fois pittoresque et moderne.
Un peu après l'église, et juste derrière l'entreprise de décolletage, la demeure ancestrale de Georges Lacroix. Dans le jardin traînent quelques jouets.

Georges, c'est l'homme de la nature. Après avoir été braconnier comme son père et son grand-père, il est devenu garde-chasse, puis protecteur de la nature: il dirige actuellement l'APEGE (Agence Pour l'Etude et la Gestion de l'Environnement). Photographe animalier, il est constamment sollicité pour des conférences. Ce qui ne l'empêche pas de consacrer du temps aux écoles en emmenant des classes sur les bords de l'Arve. Parallèlement à cela, il a suivi une formation de mécanicien horloger comme ses ancêtres. Puis il a repris l'entreprise familiale. On sent immédiatement que seule une forte personnalité peut tirer parti de deux activités apparemment peu compatibles: les exigences économiques de l'industrie et la passion de la nature. Mieux: les nourrir l'une de l'autre. Et les inclure dans une philosophie humaniste. Il me reçoit avec une poignée de main cordiale. Un sourire bienveillant illumine son visage légèrement hâlé, rasé de frais, à peine ridé malgré la soixantaine bien avancée. Il me précède dans la cuisine où nous nous installons.

Entrant sans tarder dans le vif du sujet, je commence par lui demander quels sont les lieux qu'il aime fréquenter et que le touriste ne peut ignorer. Il répond aussitôt qu'il adore monter à Flaine puis aux Grandes Platières qui culminent à près de 2500 mètres, pour parcourir le Désert de Platé, la plus vaste étendue de lapiaz d'Europe. Dans ces zones arides, le minéral pourtant «se végétalise» tout comme, d'ailleurs, le végétal «s'animalise». Processus moderne lié au réchauffement de la terre.
Ainsi, il passe des journées entières à déambuler dans les crevasses de calcaire, à descendre au fond puis à remonter. A chaque fois, ils découvre, derrière une bosse ou une crête, quelque chose de nouveau, d'inattendu: une plante ou une fleur, un lagopède ou un lièvre variable. Ces derniers, blancs l'hiver, deviennent gris marron l'été. Le lagopède, précise-t-il, vestige de la période glaciaire, ne vit qu'avec le froid et la neige. C'est pourquoi il recherche le creux des failles, là où elle persiste. Rien d'étonnant à ce qu'on le trouve à des altitudes supérieures, proches de 1 800 mètres, comme dans la montagne de Sous-Dine ou au Parmelan, ces massifs présentant le même type de relief.
- Le lagopède est l'oiseau comédien, le mystificateur par excellence. A chaque fois qu'il prend son envol, ses plumes tombent. Car il est en mue permanente! D'ailleurs, il doit s'en rendre compte.
Georges m'introduit délicieusement dans le grand théâtre de la nature où les acteurs changent de peau comme d'autres de costumes et disparaissent soudain en se fondant malicieusement dans le décor devant des spectateurs pantois. Nous en venons alors à parler du tourisme vert. Pour lui, c'est l'avenir.
- N'oublions pas que 8 000 ans av. J.-C., le climat, ici, était subtropical!
En même temps, il me laisse imaginer les conséquences de l'effet de serre créé par l'homme, l'eau s'évaporant à la surface du globe pour retomber en causant des catastrophes. La goutte d'eau qui tombait à Chamonix mettait autrefois dix mille ans pour aller à la mer. Aujourd'hui, quand elle tombe sur le parking de la patinoire, elle va s'écouler directement dans les tuyaux. Les eaux pluviales à leur tour vont se déverser dans l'Arve. Et l'Arve, canalisée, rejoindre en moins de vingt-quatre heures le Rhône. Le climat se réchauffant, le circuit sera de plus en plus rapide. D'où l'importance des crues à venir.
Sans compter la pollution. Tout en se défendant d'être récupéré par un quelconque mouvement écologiste (pour lui, l'écologie «a les couleurs de l'arc-en-ciel»), il évoque les gaz de combustion provenant des usines d'incinération. En brûlant du Téflon, on libère du gaz

Rencontre fortuite du castor et de l'homme sur les rives de l'Arve.(Georges Lacroix). Leurs champs affectifs se rejoignent.

fluorhydrique qui «vous retombe en partie sur la figure». L'opération CALAMAR (Carottage des Lacs Alpins dans le Massif des Aiguilles Rouges) permet d'extraire et d'étudier les sédiments : on a ainsi découvert que le pic de plomb de ces dernières années n'était guère plus important que celui qui avait eu lieu dans l'antiquité quand les Romains avaient compris qu'il fallait canaliser l'eau en fabriquant des tuyaux de plomb. Ils en utilisaient d'ailleurs plus que nous!

- Danton a eu la tête tranchée aux Contamines-Montjoie.

Les bouquetins aiment aussi contempler le majestueux Mont-Blanc.

Georges m'explique maintenant qu'un des gypaètes qu'il a contribué à réintroduire dans le massif du Bargy à l'occasion du Bicentenaire de la Révolution a été victime d'un câble à haute tension. A cause du givre qui se dépose desssus dans les «jours blancs» d'hiver et les rend invisibles. Robespierre a eu plus de chance. Il vole toujours dans la réserve du Bargy, réserve de chasse et non réserve naturelle.

- Pourquoi avoir choisi le Bargy?

- Tout d'abord parce qu'il n'y a pas de câble dans le vallon du Reposoir. N'oublions pas que les gypaètes peuvent faire jusqu'à trois mètres d'envergure! De plus, le bouquetin est très présent sur le versant du Bargy ainsi que sur celui d'Almet dans le secteur des Aravis où a été également créée une réserve de chasse intercommunale. Du coup, il assure l'alimentation hivernale du gypaète quand il se fait surprendre par les avalanches, par exemple. De même, les troupeaux des alpagistes en constituent la nourriture estivale: nombreux, en effet, sont les moutons et les chèvres qui meurent chaque été. Enfin, l'oiseau peut nicher dans les falaises bien exposées au soleil.

Autrefois, on parlait d'aigle blanc, ce qui ne manquait pas de poésie. C'est en 1950 que Georges est tombé sur le nom de gypaète en lisant les travaux d'un ornithologue chasseur qui passait du temps à l'observer. Le mot est d'ailleurs construit sur les étymons grecs

Pendant son sommeil hivernal, la marmotte emmagasine de la tendresse qu'elle sait restituer.

«gupos» et «aetos» qui signifient respectivement «vautour» et «aigle». Le gypaète tient en effet des deux rapaces. Du premier, parce qu'il se nourrit comme lui de charogne et d'os (on l'appelait aussi le «casseur d'os» parce qu'il lui arrive de s'élever dans les airs avec un os dans ses serres et de le laisser tomber pile sur un rocher pour le réduire en morceaux). Du second, parce qu'il niche, non pas en colonie, mais en défendant son propre territoire: sa paroi, son nid.

Des bruits ont toujours couru sur «l'aigle blanc», lui forgeant à tort une mauvaise réputation. Ainsi une

bergère qui gardait les chèvres pour son «patron» avait installé sur une couverture le bébé qu'on lui avait confié. Cela se passait en 1892, à Romme-sur-Cluses. C'est alors qu'arriva, selon elle, un grand aigle qui emporta l'enfant dans ses serres. Ce dernier n'avait dû son salut qu'au mauvais état du linge qui l'enveloppait. Le vêtement se déchira et il retomba au sol. Il avait fait néanmoins une chute de 30 mètres qui lui avait brisé les jambes. Il faudra attendre une demi-douzaine d'années pour qu'elle avoue, au cours du procès qui s'ensuivit, qu'elle avait, à un moment donné, poursuivi les chèvres tandis que le bébé, tout à coup réveillé, s'était dressé sur ses jambes et avait roulé dans la pente.
Georges précise qu'ils ont été les premiers en Europe à faire naître des gypaètes en liberté dans les Alpes, dans le cadre du programme européen de la réintroduction du rapace. De telles naissances n'avaient plus eu lieu depuis plus de cent ans. La première est intervenue en «nonante-sept». Depuis, chaque année, un jeune gypaète a vu le jour au Reposoir; un autre est né en Italie, du côté des Grisons, au Mont Stelvio.
- Avec une quatrième naissance au Reposoir en l'an 2000, nous sommes devenus champions du monde de la production de jeunes gypaètes barbus issus d'un même couple! D'ailleurs, ces accouplements répétés laissent penser que cette année, il pourrait y avoir encore une nouvelle naissance. Mais ne vendons pas la plume du gypaète avant qu'il ne s'envole!
De nombreuses tentatives de réintroduction avaient été menées auparavant avec des oiseaux originaires de Russie, d'Afghanistan et d'ailleurs. En vain. Ils cherchaient toujours à retrouver leur lieu de naissance et un site de nidification. L'idée est alors venue de partir d'élevages, comme c'est le cas à Ayse où vivent deux couples dans des cages de 8 mètres sur 12!
- Cette année, le vieux couple a pondu deux oeufs. L'un a disparu. L'autre a éclos. Le poussin se porte bien. Je viens d'avoir des nouvelles.
Georges en parle avec tendresse. Les animaux, c'est un peu sa famille, la nature, son domaine.
En tout cas, si l'on veut les observer, il faut aller au Reposoir tout en respectant les aires de nidification signalées qui couvrent des zones d'un rayon de 700 mètres. Il y a bien toujours quelqu'un sur place pour vous désigner les secteurs concernés.

Car la nature n'est spectacle que pour les aventuriers. Ceux qui explorent avec passion, patience et humilité. Et cela s'apprend. La preuve: son grand-père était braconnier. Il s'était vite lancé dans le commerce des peaux. Ainsi, il traquait la sauvagine, c'est-à-dire les animaux «sauvages» comme la martre ou le renard dont la peau valait une fortune: deux peaux de martre correspondaient à son salaire d'horloger. A l'époque, les braconniers ne nuisaient pas à l'environnement. Gestionnaires par intérêt, s'ils voulaient piéger des bêtes l'année suivante, il fallait en laisser un certain nombre. Ainsi, aux premières neiges, ils se réunissaient au café du coin, dressaient l'inventaire des prises, signalaient les endroits où elles avaient eu lieu.
- Et le garde-chasse?
Après avoir marqué un léger temps, Georges finit par déclarer avec une tranquillité suave et un sourire malicieux:
- Le garde-chasse ne s'aventurait pas au coeur de la forêt à cette époque.
Il savoure sa phrase avant d'ajouter:
- Mon grand-père avait mauvaise réputation. Il est mort à 87 ans sans avoir jamais pris de permis de chasse. Jamais il n'a été verbalisé ni inquiété. Il était même en très bons termes avec les gardes.
- Pourquoi «une mauvaise réputation»?
- Il avait participé aux premières grèves, en 1904. C'était un costaud. Comme mon père. Le plus petit mesurait 1,87m et leur poids moyen dépassait de toutes façons les 100 kilos.
Sur un ton bravache et l'œil goguenard, il conclut:
- Alors, on n'embêtait pas trop la famille, vous voyez.
Il ajoute:
- Avec d'autres, ils faisaient ce qu'on appelait le «bois de lune».
Je répète mécaniquement ces derniers mots, séduit une nouvelle fois par cette poésie du quotidien si bien exprimée par le langage des paysans tandis qu'il commente:
- Ça se passait la nuit, bien sûr. Ils coupaient le bois sec sur la commune. Le sapin, par exemple.

(Le spectre du grand-père s'est installé à notre table. Il étire sa grande carcasse sur la chaise qui gémit. Tout en souriant, il écoute tandis que son petit-fils poursuit.)

- Il fréquentait aussi les naturalistes, «les monchus», costumés et cravatés. Il les appelait «les scientifiques à brillantes bottines à boutons». Ils lui achetaient des peaux séchées ou des aigles vivants qu'il capturait.
Il m'indique les parois qui dominent Scionzier. Comme je m'étonne de la faible altitude à laquelle nichent les aigles, il m'explique que ceux-ci, contrairement à ce qu'on croit, n'ont pas la force de monter dans les airs avec, dans leurs serres, une marmotte qu'ils auraient capturée vers 2500 mètres, par exemple. Ils préfèrent descendre insensiblement leur proie jusque vers 1200 mètres. Ceci dit, et pour en revenir aux rumeurs qui ont toujours couru sur l'oiseau, il faut bien avouer que des gens comme le grand-père n'y ont pas été étrangers. Il était plus lucratif de déclarer aux scientifiques intéressés par les peaux que la capture avait été difficile et dangereuse.
- Mon grand-père était un farceur, vous savez. Et puis il voyait bien que ces monchus qu'il «recevait» méprisaient un peu le paysan qu'il était. Alors même que leurs connaissances se résumaient à ce qu'ils avaient appris dans les livres et les salons!
En tout cas, avec une telle hérédité, Georges a beau être devenu «l'avocat des rapaces», il essuie parfois quelque réflexion narquoise. Ainsi, on lui reprocha une fois d'avoir mangé de l'aiglon. Et de raconter qu'un jour, son grand-père avait eu une commande pour le Muséum d'Histoire Naturelle de Berne: on avait besoin de deux aiglons vivants. Jamais il n'en prenait deux à la fois. Mais c'était la science qui l'exigeait! Ça se passait sur la Pointe de Nancy. Il était monté dans la paroi et avait redescendu dans un sac les aiglons qui avaient cinq semaines. Malheureusement, il y eut un contretemps financier. Les oiseaux leur restèrent sur les bras. Georges en garda un pour l'élever tandis que l'autre, qui revenait à un de leurs

compagnons qui n'en voulait pas, fut mangé. Il avoue qu'il apprécia même s'il participa un peu à contre-cœur à ce repas auquel il fut convié.
Rien d'étonnant qu'avec de tels antécédents, il se mît à son tour à braconner. Mais il dut bientôt renoncer. Tout d'abord, il fut verbalisé pour un délit qu'il n'avait pas commis et cela tempéra son ardeur, d'autant plus qu'il eut une altercation avec les gendarmes. Et puis le monde évoluait: la croissance démographique due au décolletage et au tourisme ne permirent plus de vivre de cet expédient. Les maisons poussaient partout, l'espace se réduisait. Il devint donc «chasseur» pour se mettre en règle avec la législation. Le grand-père d'ailleurs l'avait encouragé dans ce sens. Signe bien tangible qu' «il» commençait à perdre la tête. Les circonstances enfin sauvaient l'honneur: on offrait alors le permis aux rappelés dont il faisait partie. C'est ensuite qu'il devint garde-chasse puis directeur de l'APEGE. Comme son grand-père, comme tout le monde dans la vallée, il fit l'école d'horlogerie. Puis il reprit en «septante-trois» l'entreprise de décolletage qu'avait montée son père après avoir lui-même hérité de l'horlogerie du grand-père, celle-ci se transmettant, depuis 1830, de génération en génération. Aujourd'hui, l'entreprise est aux mains de son fils Christian qui a «trahi» la famille en faisant construire de l'autre côté de l'Arve.

L'Arve! La rivière rêvée! Avec ses îles lointaines et ses méandres! De quoi fouetter l'esprit d'aventure! Surtout quand l'imaginaire est nourri de récits comme ceux de Grey Owl, un trappeur de mère indienne et de père irlandais qui vivait dans le Grand Nord. L'aventurier rapporte son expérience de la solitude et de la vie sauvage dans «Un homme et des bêtes», un livre que lui avait offert sa grand'tante qui faisait, souligne-t-il avec un brin de provocation, de la contrebande de tabac, de chocolat et d'autres produits avec un Suisse. Il me montre le chasseur sur une photo en noir et blanc: on le voit dans sa pirogue, en train de filer sur l'eau, un castor autour du cou. Combien de destins n'ont-ils pas été influencés par une lecture faite au cours de l'enfance!
- On a toujours besoin de s'identifier à quelqu'un. Gosse, je rêvais d'être un Indien, comme Grey Owl.
Et le grand-père d'entretenir cette légende en confectionnant des harpons. Le trappeur et le grand-père: ses deux héros!
Le lit de l'Arve mesurait sept à huit cents mètres de largeur dans les années 50. La rivière coulait librement.
- De notre maison jusqu'à l'autre côté de l'Arve, il n'y avait pas d'habitation. C'était plein de ruisseaux où l'on pêchait la truite, la grenouille, l'écrevisse.
Il détache chaque mot comme s'il les sortait tout frais de l'eau. Il en savoure la chair. Ils ont le parfum et les couleurs de son enfance. Nul doute que c'est là qu'il apprit à partager les mystères de la nature, à sentir ses palpitations de bonheur et de douleur dans son propre corps. Il ajoute, en mettant l'accent sur l'inévitable parti à tirer d'une telle aubaine:
- On pouvait braconner impunément!
Ne pas céder à la tentation eût été une atteinte au bon sens, voire un acte d'ingratitude envers la nature. Parmi les filets de son grand-père qu'il me montrera un peu plus tard, une des mailles fait 8 cm au carré!
- On prenait des truites énormes parce qu'il n'y avait pas de barrage à Verbois et elles remontaient du Léman pour frayer ici. Elles mesuraient 80 à 90 cm et pesaient entre 3 et 8 kilos. On n'en trouve plus de la pareille, c'est fini. Avec un vairon mort, en une heure de temps, on en ramenait quinze.
Et de rapporter ces moments de bonheur où, pêchant à la main, il sentait tout à coup le corps du poisson sous la pierre. C'était tout d'abord le contact de quelque chose de gluant sur le galet.
- Vous ne pouvez pas vous imaginer cette sensation quand vous vous mettez à fouiller sous la pierre, que vous avancez vos doigts, et que vous touchez la queue, vous remontez en tenant votre main de façon à l'empêcher de reculer, puis entre le pouce et l'index vous allez jusqu'aux ouïes, et alors là...
Il a baissé la voix. Comme s'il était penché sur l'eau. Son regard brille. Pareil à celui d'un enfant. Il le sait et il en est fier. Pouvoir rester gosse toute sa vie!
- La truite remonte dans le sens du courant, la tête en haut. Si elle descend, c'est qu'elle fuit! Et elle se coince sous les pierres.
Pour pêcher ainsi, ils utilisaient des plaquettes munies de pointes, les mêmes qu'on fixait sous les chaussures. Le grand-père confectionnait également des bagues qu'ils passaient à la deuxième phalange. Ou encore, pour éviter le contact désagréable des doigts avec les couleuvres ou des espèces de musaraignes aquatiques, il confectionnait, avec les peaux, des gants de cuir dans lesquels ils glissaient les plaquettes.
Dans ces lieux propices à la pêche, à cause probablement de la nourriture que la truite y trouvait, ils allaient chercher leur repas comme nous irions aujourd'hui chez le poissonnier. Mieux: c'était toujours ouvert! Au même endroit. Sous la même pierre.
Dans le même secteur, il y avait une source qui coulait d'un rocher. Le trou était suffisamment grand pour que Georges, qui n'était pas gros, pût s'y glisser. Mais son grand-père qui ne pouvait en faire autant («parce qu'il était bien trop costaud!») s'ingéniait à l'en dissuader en lui racontant des histoires:
- Tu vois, lui disait-il, tu ne comprends pas pourquoi on prend les grenouilles toujours au même endroit? Eh bien, c'est parce que là-bas, tout au fond, il y a une usine à truites.
Le gosse se demandait qui pouvait bien y travailler. D'autant plus que le grand-père parlait en même temps de castors. Georges qui ne les connaissait pas encore les associait aux dinosaures qu'on commençait à évoquer dans les livres.
- Attention, les enfants! continuait le braconnier, si vous êtes trop curieux et que vous allez trop loin, les castors vont vous happer et vous faire travailler dans l'usine. Et les gamins qui tentent de s'échapper, ils les transforment en salamandres.

Aujourd'hui, l'Arve a perdu de sa superbe nonchalance en adoptant la vitesse des hommes qui l'ont canalisée. A Sallanches, Cluses, Marnaz, Scionzier, etc. Là, sa largeur est réduite à quatre-vingts mètres. Ailleurs fort heureusement, ses berges restent espacées; à certains endroits, cinq cents mètres les séparent.
- Bien sûr, il faut protéger les riverains, mais on doit en même temps gérer ce que la rivière apporte ou modifie

à chacune de ses crues. Celles-ci maintiennent en effet sa bio-diversité en apportant des graviers granitiques issus du Mont-Blanc sur lesquels pousse une végétation primaire. Cette dernière, à son tour, attire des animaux et des oiseaux comme le gravelot (dont le nom a pour origine précisément le gravier).

Gérer! Tout est là. Ainsi, Gilbert Amigues a été la chance de la Haute-Savoie en prenant la tête de la Police des Eaux, de la Chasse et de la Forêt en 1965. C'est lui qui a transformé des réserves de chasse en réserves naturelles pour renforcer la législation et la protection de l'environnement. C'est lui qui a réintroduit diverses espèces comme le bouquetin, le gypaète ou le castor avec l'idée de les faire vivre sans assistanat. Tout un travail qui exige étude, réflexion et présence sur le terrain.

- Créer une réserve naturelle, ce n'est pas prendre un bocal de confiture Bonne Maman et le fermer hermétiquement avec un couvercle pour que ça ne bouge plus! La nature évolue et il ne faut pas chercher à lui rendre une virginité qu'elle a perdue avec l'homme. Gérer, c'est travailler avec les alpagistes, les touristes, les chasseurs...

Même si parmi ces derniers, on rencontre des «viandards» qui pratiquent un braconnage moderne.

- Ils font ça pour de l'argent tandis que mon grand-père, c'était pour nourrir sa famille. Il n'y a même plus de compétition avec l'animal. Heureusement, il y a des chasseurs raisonnables. D'ailleurs, la Haute-Savoie cynégétique est en avance, quant à la réglementation, sur le reste de la France.

Mais la chasse est un mal nécessaire. Et dans la vie, ajoute-t-il, on est tous un jour ou l'autre prédateur ou victime. Comme les grenouilles si innocentes en apparence mais si friandes de poussins de grèbes huppés ou de castagneux. Car la grenouille est carnivore!

- Gérer, c'est d'abord observer, non?

Symbole de pureté et d'innocence, la marmotte blanche est un porte-bonheur.

Le lagopède alpin existait à l'époque glaciaire. Résistera t-il au réchauffement? Sans doute, car ce n'est ni le premier, ni le dernier.

Le renard est rusé par nécessité alimentaire. Les basses-cours en savent quelque chose...

Georges approuve et prend aussitôt l'exemple du cerf qu'on veut approcher au moment du rut quand il est épuisé, au petit matin, d'avoir bramé toute la nuit.

- Vous devez monter comme un animal, comme un cerf, un mouton. Trois-quatre pas, vous vous arrêtez. Comme si vous broutiez. En évitant de prendre une silhouette humaine. Car l'animal a peur de l'homme et du «bâton de la mort», son fusil. C'est inscrit dans ses gènes.

Je lui demande où il a vu les cerfs.

- Dans le couloir de Montarquis qui traverse la route du col de la Colombière, sous le Bargy. Il y a trois cents mètres à faire. Mais il faut mettre presque une heure! Sinon vous faites fuir la harde. C'est toute une technique.

C'est ainsi qu'il approche les lagopèdes et va jusqu'à «caresser la poule sur les oeufs». En approchant «millimètre par millimètre». Je dois prendre un air ahuri car il ajoute aussitôt que c'est facile quand on a passé toute sa vie dans la nature. Que tout animal sent s'il peut avoir confiance en l'être humain. Là-dessus, il se réfère à la théorie des champs affectifs si complexes, illustrant celle-ci en disant que lui-même ne se livre et ne devient bavard qu'en face des gens avec qui il se sent en confiance. Je me sens flatté.

- La nature ne se livre qu'aux gens simples, jamais à ceux qui sont trop compliqués.

- Ce n'était peut-être pas facile de mener à la fois une vie de chef d'entreprise et une vie dans la nature?

Je ne peux m'empêcher de rapporter ici l'allégorie savoureuse par laquelle son grand-père lui enseignait que l'entreprise devait rester une structure familiale facile à gérer. Ils braconnaient alors le poisson dans les gouilles.

(Le «spectre» qui s'était assoupi dresse subitement l'oreille, se recale dans sa chaise tout en frottant ses mains caleuses l'une contre l'autre et en faisant claquer sa langue contre le palais).

Il déposait donc du carbure dans le fond d'une bouteille de limonade, puis la remplissait à moitié de sable, enfin il ajoutait de l'eau par-dessus.
- Le temps que l'eau traverse le sable et atteigne le carbure pour dégager le gaz, vous avez le temps de balancer votre bouteille au fond d'une gouille. Les grosses truites sont les premières à venir se rassembler autour et quand ça explose, comme une grenade, les poissons sont assommés. Pas tués. Vous avez un quart d'heure pour les récupérer tranquillement. Vous laissez les petits, bien sûr.
Georges enchaîne, avec une lumière vive dans le regard et des accents de tendresse:
- Il m'a toujours parlé par images. Il me disait donc: «Dans la vie, tu vois, Georges, il faut rester simple. Il ne faut pas être trop grand. Tu vois les cercles qui se répandent sur l'eau après l'explosion? Regarde comme ils grandissent rapidement. C'est au moment où ils sont les plus grands qu'ils disparaissent.
Georges, une fois de plus, a baissé la voix. Un immense respect pour l'ancêtre défunt s'est installé dans la pièce. (A contre jour, on devine l'émotion du spectre. Une larme tremble sous sa paupière.)
Les ronds dans l'eau! La vie nous est donnée avec plusieurs modes d'emploi. Il faut choisir le bon. Et c'est un choix de tous les instants.
Il insiste sur la qualité de vie exceptionnelle liée au braconnage. Ainsi, la martre ou le renard, par exemple, sont dotés de sens olfactifs exceptionnels. Parfois, il fallait faire macérer les pièges dans du fumier, les manipuler avec de vieux gants, les poser dans un endroit abrité du vent, tout cela pour qu'ils ne retiennent pas l'odeur de l'homme. Enfin, il fallait les cacher; dans l'eau par exemple.
- Le renard, pas plus que la martre, n'aime se mouiller. Vous posez alors au milieu du ruisseau, qui fait 1,50m de large environ, un appât sur une grosse pierre. Du poulet ou autre chose. Vous placez ensuite votre piège à 20-30 centimètres du bord dans une hauteur d'eau assez faible, ce qu'on appelle «les eaux noires» (car elles ne gèlent jamais en hiver). Là, il ne peut plus dégager aucune odeur. Sur la palette, vous placez un galet ou une racine, histoire de mettre l'animal en confiance. Celui-ci ne peut pas bondir d'un seul coup sur la grosse pierre qui est trop loin. Il va donc poser la patte sur le galet qui émerge... Et il se fait prendre.
Quand il évoque le passé, ce n'est pas par simple nostalgie. Mais pour défendre ces espaces de rêve qui sont en nous et qui, aujourd'hui plus que jamais, sont menacés par une civilisation qui veut tout domestiquer: les cours d'eau comme les esprits. Il fait partie de ceux qui résistent au courant, regardent en arrière puis autour d'eux, pour tenter de saisir le lien qui unit le passé au présent et l'homme à l'univers qui l'entoure. Et définir ainsi un art de vivre pour le futur. Pour ses petits-fils, par exemple, qui viennent d'arriver avec leur mère.
Tout en conversant, nous passons dans son bureau dont il ferme les volets.
- Ma plus grande satisfaction est de sensibiliser les enfants à ces problèmes pour améliorer l'avenir. Car l'évolution du monde moderne augmente la dépendance.
Ainsi, par une scolarité prolongée, on apporte à l'enfant un niveau de savoir tout à fait louable certes, mais en même temps, on le rend plus dépendant de ses parents et de la société. Pour vérifier le paradoxe, Georges se réfère une nouvelle fois aux animaux. Bien sûr, ils n'évoluent pas au sens où nous l'entendons. Pourquoi d'ailleurs en éprouveraient-ils la nécessité sinon pour ne pas disparaître, victimes de nos propres agressions sur l'éco-système ? Et puis ne sommes-nous pas nous-mêmes condamnés à disparaître? Cependant, ils ont cet avantage sur nous de n'être dépendants que très peu de temps.
- Aujourd'hui, l'espérance de vie d'un être humain est de 75 ans environ. Il n'est pas capable de s'assumer avant 25 ans: le tiers de son existence! Tandis que le petit de la marmotte se débrouille au bout de 15 mois pour une espérance de vie de 15 ans. Pour l'ours, c'est 18 mois pour 30 ans. Pour le renard, 6 mois pour 10 ans! Jamais un gamin lâché dans la nature ne saurait pêcher ni chasser pour lui, pas davantage reconnaître si une plante est comestible ou pas.
D'où cette idée que l'homme se fragilise en permanence. Et de prendre l'exemple des élèves qu'il emmène à la découverte de la nature:
- Il n'y en a pas un qui sait distinguer un poirier d'un pommier ou d'un noyer!
Je prends une mine navrée, en tâchant de masquer mon embarras. Il poursuit, péremptoire:
- La connaissance nous détache de la nature.
Je tâche de répliquer:
- Mais c'est parce qu'on est devenu trop nombreux. On est obligé de vivre différemment.
- Il faut laisser faire la loi naturelle. Quand les renards sentent que leur nombre diminue, ils font des portées de quatre ou cinq petits. Lorsque leur densité est trop élevée, ils n'en font qu'un ou deux, ou même pas du tout. C'est la loi des compensations. La meilleure. Et ça, l'animal sait encore le faire. C'est pour ça que je veux participer à la sauvegarde d'un patrimoine génétique. Les gens, voyez-vous, ne veulent pas reconnaître qu'ils se sont trompés. Et ils persistent.

Sur l'écran apparaît l'Arve et ses bancs caillouteux. Soudain, gros plan sur un castor! Nous sommes entrés dans la vie secrète de Georges.
Le castor a disparu pendant un siècle, de 1850 environ à 1976, date à laquelle il a été réintroduit. Pourquoi cette disparition? D'abord, parce qu'il causait des dégâts dans la forêt alluviale. Ensuite, des légendes couraient comme quoi c'était un poisson qui mangeait les autres poissons. Car la faculté de médecine, à la fin du siècle dernier, le classait encore comme un poisson! Ce qui arrangeait tout le monde, notamment le clergé qui, au regard d'une France profondément catholique, pouvait faire maigre le vendredi, jour de jeûne, tout en mangeant impunément de la chair de castor. Les moines de Villeneuve-lès-Avignon fabriquaient même du saucisson réputé maigre qu'on pouvait également consommer ce jour-là. En tout cas, sa réputation de bête nuisible contribua à son élimination. Sa peau, qui n'avait d'ailleurs pas la qualité de celle du castor canadien, disparut avec lui. Et pourtant!
Georges a rôdé son plaidoyer. Projetant une diapositive sur laquelle on peut voir un tronc, rongé jusqu'au coeur, qui tient tout juste en équilibre au-dessus de la souche, il vante l'intelligence de l'animal qui, pour ne pas risquer sa vie, laisse au vent le soin de le faire tomber. Pour ajouter aussitôt:
- C'est le meilleur des bûcherons. Un vrai bâtisseur.

Et il ne fait pas de gaspillage! Le bois est utilisé sous toutes ses formes. L'arbre abattu, il va prendre une branche et tailler des longerons pour contruire sa hutte. Il utilise également les copeaux pour sa litière. Enfin, l'écorce constitue sa nourriture essentielle. Il s'alimente d'ailleurs en deux temps: en introduisant tout d'abord l'écorce dans son organisme qui en ôte la cellulose puis en fait une boule qu'il expulse. En la récupérant ensuite pour la manger et la digérer.
Et de préciser qu'il consomme des bois blancs et tendres comme le saule ou le peuplier mais déteste le sapin et les épicéas. Que s'il lui est arrivé de couper quelques thuyas près des maisons, c'était pour construire des barrages. Que ses dents peuvent atteindre sept centimètres! Il me montre le crâne d'un castor qu'il sort d'une boîte et dont il actionne la dentition.
- Le castor, bien qu'il soit capable de tronçonner des arbres de près d'un mètre de diamètre, est l'animal le plus doux que je connaisse. Jamais il n'y a eu d'accident ni avec moi, ni avec mes petits-enfants. C'est l'animal le plus proche de l'homme: il est territorial et vit en famille. J'ai vu des jeunes qui, à quatre ans, étaient toujours là (tout en étant indépendants). Je vis depuis dix ans à raison de deux heures par soir avec une famille de castors. L'ancêtre, qui a disparu depuis, était une femelle. Je l'appelais madame Golden et son mari Nestor Golden car, parmi les friandises que je leur apportais, celles qu'ils préféraient étaient les pommes Golden. Aujourd'hui, je vais chaque soir dans la cabane que j'ai construite au bord de l'eau. Je dépose mes offrandes et j'attends. Bientôt, ils viennent et grimpent sur la berge. On se frotte le nez en signe de reconnaissance, et ils croquent la pomme que je tiens dans ma bouche.
- Vous me disiez au téléphone que vous buviez le lait des castors?
- C'est vrai. Depuis deux ans, je suis devenu le frère de lait des bébés castors. Voici pourquoi. Pour cueillir la pomme, le castor se dresse sur ses pattes. Comme il a du mal à se tenir debout, (il fait entre vingt et trente kilos), j'avais pris l'habitude de lui tenir les mains (qui sont de vraies mains d'hommes sauf que le pouce est à la place du petit doigt). Parfois d'ailleurs, il entoure la nôtre de ses petites mains à lui. Sans griffer! Or, deux mois avant la gestation et plus tard encore quand elle allaite, les mamelles de la femelle sortent de plusieurs centimètres de sa fourrure. Un jour donc qu'elle se tenait debout pour prendre le morceau de pomme dans ma bouche, j'ai été tenté de les toucher, par curiosité, pour assouvir ma «soif» de connaissance.
Il se défend:
- Pas par perversité.
Pour ajouter, attendri par le souvenir de cet instant unique:
- J'ai pressé, et du lait a coulé dans ma main. Et j'ai goûté. Depuis, je le fais régulièrement.

J'ai soudain le sentiment d'être parvenu au seuil de sa vie la plus intime. Sa réserve naturelle à lui. Car le bonheur d'absorber le lait du castor n'est pas uniquement lié à l'ivresse de la découverte. Cela va bien au-delà. Il réalise, à plus de soixante ans, son rêve de toujours: être l'enfant de la nature. Couvé par la forêt, nourri par les animaux. Héros de Kipling plus que disciple de Owl. Mieux encore: il accomplit un rite qui dépasse son propre destin, recréant, dans cette union idyllique avec le règne

La martre n'est pas toujours facile à apercevoir.

Le tétras-lyre a été réintroduit dans la contrée.

Les chocards (corneilles des montagnes) à la rencontre d'une jeune randonneuse.

Le bouquetin et le chocard évoquent les saisons...

animal, le paradis sur terre.

Il continue cependant en me donnant quelques chiffres:
- Le castor a été réintroduit en 76: neuf ont été lâchés sur le parcours de l'Arve qui fait une centaine de kilomètres. Aujourd'hui, ils sont plus de 300. Et il y a encore de la place! Il construit une première hutte, puis plusieurs autres sur un parcours de cinq à six cents mètres, dont

Flaine *(alt 1500 m): Cette station, choisie par Emile Allais, champion du monde de ski, dans un site naturel exceptionnel, a vu le jour dans les années soixante. Elle a été rêvée par Eric Boissonnas et dessinée par l'architecte Marcel Breuer. Des sculptures d'art contemporain de Jean Dubuffet, Victor Vasarely et Pablo Picasso renforcent le cachet de la station.*

Grimpée en raquettes à neige pour des adeptes de descente en poudreuse.

la longueur varie selon la richesse qu'il y trouve. A Cluses par exemple, il est plus long car il y a moins d'arbres. Il peut se contenter de terriers, mais l'essentiel est que l'habitation soit protégée des prédateurs. Ainsi, la hutte de branchages s'appuie contre la berge de façon à ce que l'entrée soit toujours masquée par l'eau. Ce qui le met à l'abri du renard et des regards. Il y accède en apnée en plongeant une dizaine de mètres avant de l'atteindre. Il a pour cela 15 minutes d'autonomie sous l'eau.

Le Grand-Bornand *(alt 934 m): Cette station de ski au pied de la chaîne des Aravis conjugue le bonheur de vivre dans un cadre préservé. Chaque année a lieu une grande manifestation dédiée aux enfants (Le Bonheur des Mômes). La maison du Patrimoine offre aux visiteurs la découverte du temps passé.*

L'Arve ayant un régime d'étiage, la hutte peut être inondée au printemps, quand le niveau monte. C'est pourquoi il construit des pièces à l'air libre. Répétons-le: le castor ne vit pas dans l'eau. Il s'en sert uniquement comme moyen de transport. Ainsi, pour véhiculer les branches qu'il pousse devant lui, il est capable de creuser, entre étangs et ruisseaux, des canaux d'un mètre de largeur et autant de profondeur. Pour cela, il utilise ses pattes, son ventre et sa queue, appendice essentiel qui fait également office de levier. Tous ces travaux d'aménagement nécessitent souvent, sur les affluents de l'Arve, la construction de barrages qui atteignent généralement 50 cm de hauteur.

Et Georges illustre ses explications avec de superbes photos de castors, de renards, de poissons, d'oiseaux et d'insectes, de fleurs et de paysages réunissant toute

Bernex *(alt 955 m) et la Dent d'Oche, 2221 m*

Montriond *(alt 940 m): le hameau des Lindarets, connu l'été pour être le pays des chèvres, offre durant l'hiver les joies d'un ski convivial grâce à ses restaurants d'altitude.*

la faune et la flore des bords de l'Arve. Il extrait d'une vitrine ou d'un carton, d'un sac ou d'un tiroir, des tas d'objets sur lesquels il approfondit ses commentaires de photographe animalier.

Enfin, nous quittons le bureau-bibliothèque-laboratoire pour revenir à la grande cuisine où nous retrouvons la famille installée pour manger. Très simplement, ils m'invitent à passer à table avec eux.

Plus tard, il me raccompagne après m'avoir montré son garage encombré d'un bric-à-brac de pièces

Les Houches *(alt 1008 m): Dans la vallée de Chamonix, la station offre un domaine skiable exceptionnel, lieu de la célèbre descente de la Coupe du monde de slalom (Le Kandahar).*

anciennes parmi lesquelles de vieux filets de pêche, des pièges, des lanternes, des raquettes... me replongeant un instant dans le monde merveilleux du braconnage entre Arve et Bargy. Famille charmante et unie. Exigeante de peu, riche de tout. Nichée entre le magnifique Pic de Marcelly et les sombres forêts du Reposoir.

Tandis que le Môle se découvre totalement sous le ciel bleu, exhibant sa somptueuse arête de neige au-dessus de Bonneville, résonnent en moi, comme en écho aux magiques métamorphoses de la nature, les noms de Grey Owl et de Nestor Golden.

Et plus profondément encore, la silhouette du grand-père et du petit-fils sous la lune tremblante d'une immense horloge. ◆

Les Gets *(alt 1172 m): restaurant d'altitude. Cette station été-hiver possède beaucoup de charme.*

La Vallée du Haut-Giffre

Le guide et ses racines

Au fond de la vallée de l'Arve, les nuages stagnent sur la montagne. Tandis que derrière moi, le ciel est uniformément bleu. Cette année, c'est une habitude: j'amène le beau temps tandis qu'en face, vers le Buet, une grisaille tenace résiste aux percées du soleil. Du coup, je me retrouve à la frontière de la lumière et de l'ombre, du bleu uniforme et du gris sinistre. Balancé entre les joyeuses poussées de l'azur et les austères retranchements de la terre. Sur ma droite, les Bornes. Au loin, le Jallouvre porte son col blanc à l'endroit appelé «la cravate». C'est là que la neige persiste, là-même où le sentier, particulièrement audacieux, traverse sa face nord, au-dessus des précipices. Autant dire qu'en cette fin de printemps, le passage est vite dangereux. En bas, dans la plaine, des champs à perte de vue. Et la poussée folle des hautes herbes. Par endroit, les senteurs sucrées du foin. Avec parfois le parfum du pain tout juste sorti du four.

A Bonneville, Daniel m'attend. Nous partons en direction d'un des plus beaux sites de la Haute-Savoie, un lieu où la tranquillité pastorale des alpages contraste avec l'univers sauvage des parois: la vallée du Haut Giffre.

Ici, la nature est essentiellement romantique. Harmonieuse certes, mais surtout fougueuse. Si elle exalte la vie simple, elle flatte avant tout le goût de la grandeur, de la démesure. Longtemps, elle a terrorisé les esprits. Pour mieux préparer sans doute les exploits futurs. Pour mieux élever l'âme. La beauté terrifiante de tels sites força l'homme, un jour, à dépasser sa condition. Par les mots: il se mit à interroger les choses. Au point de les sentir palpiter dans l'écriture même. C'est ainsi qu'à la fin du XVIIIe siècle, le romantisme naissait en France, et notre région nourrit alors l'inspiration d'illustres écrivains: Lamartine, Sue, Rousseau et bien d'autres artistes. Par les actes également: il s'engagea entre ravins et falaises pour vaincre les vieilles hantises, vivre dans la chair même de la montagne et faire retentir les cirques de calcaire des cris joyeux de l'exploit. Ainsi, à la même époque, en 1786 précisément, le Mont-Blanc était vaincu par Balmat, un enfant du pays. Dès lors, un souffle de liberté poussait l'homme à dépasser ses préjugés. Le voici qui aspirait à l'infini. Quoi de plus naturel que la Révolution française eût lieu dans le même temps! Elle participait du même élan. Et l'homme continuait de se découvrir des pouvoirs nouveaux au contact d'une nature toujours plus fascinante.

Nous dépassons Samoëns et arrivons au petit hameau du Vallon d'en Bas qu'on distingue d'avec le Vallon d'en Haut situé pourtant à la même altitude, mais plus en amont de la vallée. Entre les deux, pour ne pas faire de jaloux, on a construit l'école.

Daniel nous reçoit et nous nous installons dans le jardin, à côté du grenier dont une des façades est ornée d'une énorme roue en bois. Nous évoquons tout d'abord les sites à visiter dans la vallée: Samoëns avec, au-dessus, le point de vue de La Rosière, les Gorges des Tines d'où jaillit, dans l'anfractuosité de la roche, le Giffre; plus haut, la cascade du Rouget qui s'ébroue majestueusement sous le regard des touristes ébahis, enfin le cirque du Fer-à-Cheval, avec ses impressionnantes parois et ses séracs que le promeneur pourra contempler en empruntant un chemin qui suit le fond de vallée jusqu'au Bout du Monde. A l'ouest, on accède assez facilement aux pentes supérieures par des sentiers balisés. Le randonneur découvre alors des paysages variés où les alpages succèdent aux forêts et donnent accès à d'immenses pierriers qui viennent buter sur les falaises ou mourir sous les glaciers. Entre la pelouse alpine et l'univers rocheux: le refuge de La Vogealle et un peu plus loin, le lac du même nom. Il faut passer une nuit au refuge pour s'imprégner de l'atmosphère unique qui règne sur la frontière séparant deux mondes: l'un encore humain, l'autre déjà sauvage. Pour contempler en face, à l'est cette fois, le massif du Tenneverge, gigantesque muraille de 2 000 mètres de hauteur, creusée de failles, rongée de ravins. Des cascades surgissent de la pierre, fusent dans les éboulis et éclaboussent des terrasses de calcaire complètement délitées ou des gazons suspendus contre les abîmes. Un peu au nord, d'énormes blocs de glace aux cassures monstrueuses, brillent d'éclats aveuglants ou bleutés selon la lumière du jour, immobiles, en équilibre au-dessus du vide. Panorama vertigineux. Spectacle stupéfiant, unique dans les Alpes! Le massif du Tenneverge ressemble à une forteresse abandonnée par des géants. Pourtant, les hommes, pareils à des fourmis, tenaces, ingénieux, ont réussi à ouvrir des passages dans cette muraille. Certains, difficiles, donnent accès aux terrasses herbeuses et ont pratiquement disparu aujourd'hui. D'autres, particulièrement exposés, à peine des traces, se hissaient résolument au coeur de la montagne. Depuis longtemps, ils sont abandonnés. Un autre encore, difficilement repérable et extrêmement raide, monte vers le glacier du Ruan. Un autre enfin, permet de gagner le vallon du Tenneverge et de communiquer avec la Suisse et le barrage d'Emosson. Fréquenté aujourd'hui par les chasseurs et quelques randonneurs, il franchit un couloir très mauvais, constitué de schistes glissants et de terre instable: c'est le Pas Noir dont la triste renommée s'étend dans toute la région.

- Il faut être né dans le coin pour connaître. Le chemin est encore tracé parce que les chasseurs y vont. Et les guides chasseurs. Les autres guides n'y vont pas.

Je sens cette fois à qui j'ai affaire: un gars d'ici, enraciné dans cette vallée, propriétaire des lieux en quelque sorte. Et s'il se glisse une nuance de reproche quand il évoque l'absence des guides de Chamonix dans le secteur, il est bien content de garder pour lui seul une montagne aussi belle, chargée de tant de souvenirs, la plupart héroïques. Un héroïsme au quotidien.

Les pâturages de Prazon, par exemple, sont ces vires herbeuses que la nature a dessinées en pleine paroi. Autrefois, on y montait les chèvres et les moutons.

- Les gamins les menaient en franchissant des ravins épouvantables. Hallucinant! Ils devaient s'aider d'un câble à certains endroits. Là-haut, ils correspondaient avec ceux de La Vogealle qui gardaient les vaches de l'autre côté de la vallée. Ils agitaient un drap blanc selon un code. Parfois, ils traversaient à flanc, au-dessus des précipices pour aller vendre leurs chevrotins. Tout ça, on le tient d'une grand-mère qui a 80 ans, aujourd'hui. C'est inimaginable! Des gamins de 7-8 ans! Aujourd'hui, à 25 ans, tu leur prends la main pour traverser!

Je pense aux propos de Georges Lacroix sur la difficulté pour les jeunes de se débrouiller seuls dans la nature. Sur ce plan, indubitablement, nous régressons. La société prévient les drames, sécurise, aseptise; elle n'éduque pas. Elle apprivoise l'environnement, bâtit sur le dur, et nous laisse démunis quand la nature se rebiffe.

Daniel précise tout de même qu'un certain nombre d'enfants se noyaient dans les torrents qui dévalent de la montagne. D'autres montaient les vaches à La Vogealle du 25 juillet au 1er août. Là non plus, ce n'était pas facile. Les bêtes devaient passer au-dessus de mauvais escarpements. Tout cela pour un bien maigre rendement: une dizaine de têtes seulement composaient le troupeau. Ce serait impensable aujourd'hui. D'autant plus qu'une simple sente a remplacé le chemin.

C'est au tour de Michel d'évoquer ce paysan qui était allé chercher du foin en plein hiver aux chalets du Boret; c'est là qu'on le stockait en été, faute de pouvoir tout descendre. Arrivé au pas du Boret, il a glissé sur la neige avec son fardeau de foin et a sauté dans le vide. Une croix est dressée à cet endroit qui témoigne du drame.

- Il faut dire qu'en hiver, le problème par là, c'est le gel. L'eau sort de partout et forme des plaques de glace. Parfois, dès octobre, il faut mettre les crampons pour passer à certains endroits.

La cascade du Rouget, appelée aussi «la perle des Alpes», jaillit du cirque sur une double chute de 70 m

***Taninges** (alt 640 m): Sur les bords du Foron, tanneries, moulins, scieries et forges, constituent les vestiges d'un proche passé*

Le vieux bourg historique, réputé aux XVIIe et XVIIIe siècles, était aussi un relais du colportage montagnard constituant un véritable centre économique. L'église Saint-Jean-Baptiste, de style néo-classique sarde de l'architecte Prosper Dunant (1829) avec son célèbre carillon de trente cloches, a donné naissance à une Académie de carillons. Avec l'aménagement des pistes skiables du Praz-de-Lys, Sommand, s'étageant de 1500 à 1800 m d'altitude, Taninges a fortement développé son tourisme.

L'un des rares monuments aux morts du département de la guerre de 1870 au cours de laquelle Taninges a envoyé des volontaires.

L'église restaurée est un magnifique bâtiment des XIIIe et XIVe siècles.

Parmi les activités qui régnaient dans le vallon, il y avait l'exploitation minière. Comme la mine de fer, dans le Fond de la Combe, au pied de la cascade du Violon. Difficilement accessible. D'ailleurs, on appelle l'endroit le Pas de la Mine. Pour traverser le torrent, il fallait attendre qu'il gelât en altitude, c'est-à-dire septembre, octobre. Attendre que l'eau diminue, qu'il ne neige pas. Ils descendaient alors le minerai, en partie à dos d'homme. On se demande comment ils pouvaient faire. Ils fabriquaient, entre autres, des plaques pour les cheminées. Elles étaient fondues et gravées à Sixt. On peut en voir une à Samoëns qui fait un mètre carré.

Dans le jardin, un concert d'oiseaux. Ils égrènent peut-être des souvenirs sous les nuages morcelés. Entre les écheveaux grisâtres, la lumière bleue tente des percées, comme une mémoire qui revient peu à peu. A travers toute chose, le passé semble reprendre vie un instant. Et nous participons de ce langage universel.

On en vient alors à parler de l'alpinisme dans le vallon. Mais le champ d'action des grimpeurs est limité: non seulement l'altitude du massif est modeste, mais les parois sont difficiles d'accès et le rocher souvent délité. Daniel précise toutefois que la Corne au Chamois, si imposante dans le paysage quand on pénètre dans le cirque du Fer-à-Cheval, fut un des derniers problèmes des Alpes. La Corne sud-ouest qui domine directement le cirque fut enfin gravie en 1925 par Armand Charlet et Ravanel qui empruntèrent, avec leur client E.-R. Blanchet, le Pas Noir puis le vallon de Tenneverge et escaladèrent la facette nord. Celle-ci présentait quelques pas de VI: une belle performance pour l'époque. Mais c'est surtout René Desmaison qui s'illustra en 1970 dans ce secteur particulièrement sauvage en s'attaquant à la face nord, réalisant ainsi la voie d'ascension la plus directe et en même temps la plus exposée. Je ne peux résister à l'envie de transcrire ici ces quelques lignes extraites du recueil d'itinéraires de Pierre Bossus: «Haute d'environ 800 m, c'est une voie extrêmement périlleuse et audacieuse qui est tracée entre la Croix Moccand et le sommet. Sur 700 m, la paroi présente une roche épouvantable, pourrie et très friable; assurage impossible: les vires sont couvertes de poussière grise compacte dans laquelle les pitons ne tiennent pas; nombreux blocs instables; les 100 derniers mètres surplombent légèrement...» La voie est cotée ED, A (Extrêmement Difficile avec passage en Artificiel). Ça fait frémir!

Et Daniel de commenter avec un sourire entendu:

- Il a passé 2-3 jours là-dedans, il a promis qu'il n'y remettrait plus les pieds!

Michel est né à Chantemerle, un peu au-dessus de Samoëns, à 1080m d'altitude. Avec le Mont-Blanc pratiquement devant lui. Et une vue imprenable sur les Rochers des Fiz. Au-dessus du hameau, La Rosière et son fameux panorama. On est un peu à l'écart de la départementale qui mène au col de Joux Plane rendu célèbre par le passage du Tour de France. Là encore la vue est exceptionnelle. Le guide a grandi avec toutes ces montagnes enneigées autour de lui. Cela peut bien créer une vocation, non? En tout cas, il ne connaîtra pas Samoëns avant huit ans!

- On n'avait besoin de rien. On faisait notre pain, on avait notre jardin, on cultivait nos patates, on avait nos bêtes. L'école était à quatre pas de la maison.

Impossible de manquer la classe En hiver, quand il avait neigé en abondance et que les enfants du hameau ne pouvaient pas se déplacer, eux n'y coupaient pas: l'instituteur venait leur faire l'école dans la cuisine. C'était dans les années 50. Quand il atteignit onze ans,

La Chartreuse de Mélan à Taninges a été fondée en 1285 par Béatrice de Faucigny. Son activité a duré cinq siècles. Le cloître de style gothique tardif, reconstruit en 1528, abrite de nombreuses manifestations culturelles.

Samoëns *(alt 710 m) Dans la vallée du Haut-Giffre, le village de Samoëns, implanté au pied de la montagne du Criou (2227m) offre le cadre exceptionnel d'une station été-hiver et d'une réserve naturelle, frontière avec le Valais suisse.*

La place du village et la fontaine aux Bourneaux (1763). Samoëns a été autrefois la patrie des «Frahans», tailleurs de pierres réputés. Ceux-ci sont rassemblés au sein de la Confrérie des Quatre couronnés créée le 28 décembre 1659. Elle existe encore aujourd'hui sous le nom de «Société des Maçons dite des Quatre couronnés», mais elle a perdu son caractère opératif. Samoëns est l'unique station française classée monument historique.

ses parents vinrent s'installer à Samoëns. Ils louèrent une ferme.
- On était mal vu, car on était les paysans de là-haut. On était habillé comme des «pelbots». Un jour qu'ils se moquaient, j'en ai pris un par la tronche et je l'ai collé contre le pilier de l'école.
Un peu fort sans doute. On a emmené le gosse à l'hôpital: il avait un traumatisme crânien. Aujourd'hui, ils en parlent encore. Pour en rire. J'imagine Michel déjà costaud et fier. Et s'il évoque spontanément cette scène, c'est sans doute à cause du sang paysan qui coule dans ses veines et qui, ce jour-là, imposa le respect aux citadins. Et d'apprendre que les habitants de Chantemerle considéraient alors Samoëns comme une ville me fait mesurer combien les distances étaient longues à l'époque, combien le monde était vaste et la vallée rétrécie, combien l'ignorance enfin entretient les préjugés et à travers eux les querelles. Je comprends mieux pourquoi on a appelé l'extrémité de la combe du Fer-à-Cheval le Bout du Monde. Cela correspond évidemment à une réalité physique liée à la configuration unique du relief à cet endroit, mais c'est aussi le reflet d'une réalité mentale: pour les habitants du vallon, longtemps le monde s'est arrêté là, ils vivaient à l'extrémité de ce qu'on pouvait connaître.

Nous en venons à parler du métier de guide.
- On a passé des périodes agréables. Les jeunes ne vivront plus ce qu'on a connu.
Michel est péremptoire. Voilà encore quelque chose qui lui tient à cœur. Ses yeux bleus sont comme figés dans le passé. Traversés parfois d'éclairs blancs et durs comme l'acier.
- Il n'y a plus le contact professionnel de la montagne: avant, on s'aidait, on se refilait les clients, le copain ne les gardait pas pour autant. Aujourd'hui, on ira te piquer les clients sous le nez! L'amitié entre guides, ça comptait.

Dans les refuges, ils prenaient le temps de discuter. Des conversations animées qui tournaient autour des courses, des difficultés de telle ou telle ascension. Sans compter les histoires des clients. Tout ça autour d'un verre de blanc.
Daniel raconte qu'un été, en juillet, il avait fait mauvais tout le temps.
- On n'avait déjà pas beaucoup de clients. Un jour un peu moins mauvais que les autres mais aussi gris, on avait prévu une collective pour le lac du Foillis. Deux clients seulement se sont présentés. Qu'est-ce qu'on a fait? On les a emmenés. Deux guides pour deux clients. On a dû gagner 20 balles. C'était une ambiance totalement différente.
Michel renchérit:
- Aujourd'hui, à 5 heures et demie du matin, je suis au téléphérique de l'Aiguille du Midi, je prends la benne à 6 heures, je rentre à 3 heures de l'après-midi pour aller donner 3 heures à l'école d'escalade: j'ai gagné ma journée. Les nuits en refuge, c'est terminé. A la Haute Route (Chamonix-Zermatt), on était 15 guides cette année à se retrouver dans un refuge. On a pris l'apéro: deux bouteilles de Fendant. On n'était que trois Français! Le patron nous dit que s'il devait travailler uniquement avec la clientèle suisse et française, il quitterait le refuge sur-le-champ. Les autres guides, c'étaient des Japonais, des Américains et des Anglais.
- Où sont donc les guides français?

Sixt-Fer-à-Cheval: De tradition poulaire, de nombreux oratoires ont été érigés le long des routes et des chemins.
Détails de la source Saint-Félix.

La Jaÿsinia (Jardin botanique). Marie-Louise Jaÿ (1838-1925), née à Samoëns, et Ernest Cognacq, son époux, sont les créateurs du célèbre magasin «La Samaritaine» à Paris. Elle a offert à sa commune un parc botanique où on peut découvrir pas moins de 8000 espèces d'arbres et de plantes alpines et du monde entier.

Le vieux tilleul sur la place du marché a été planté en 1438.

- Ils travaillent à la journée. C'est plus rentable.
Michel ajoute qu'avant, ils avaient une clientèle suivie. Ils connaissaient les gens qu'ils emmenaient tandis que maintenant, ils ne peuvent plus compter dessus: les touristes changent davantage de lieu de séjour.
Il finit par lâcher, amer:
- Nous avons vécu la dernière belle période. Aujourd'hui, je ne referais pas ce métier.

Sans compter les problèmes de responsabilité. Avant, il emmenait ses clients, parfois une dizaine, par n'importe quel temps. Il leur arrivait de prendre des risques. Cela faisait partie de la pratique montagnarde. Car la montagne, qu'on le veuille ou non, est un lieu qui, naturellement, impose qu'un jour ou l'autre, on prenne un risque, si minime soit-il. A cause du relief, du temps, des conditions du terrain. A cause de soi, de l'imprévisible, des grands mouvements du ciel et de la terre. Notre destin prend alors la forme des nuages, de l'éclair, de l'eau qui grossit. La plus petite de nos décisions peut nous faire basculer dans l'irrémédiable. C'est le pendant du bonheur. En montagne, il faut accepter d'être exposé, un moment ou à un autre. D'être aussi insignifiant que la pierre qui se détache. Le plus fin calculateur peut se retrouver piégé. Le plus sérieux céder à un caprice. La montagne nous dépouille de nos certitudes. Nous force à l'humilité. Sans doute est-il dur de courber l'échine devant une telle évidence. Mais la refuser, c'est trahir notre relation avec l'environnement. Qui n'a rien à voir, par ailleurs, avec toutes les mesures qu'on peut prendre pour assurer notre sécurité sur la route, en ville, avec toutes les formes d'équipement. Dans tous ces lieux où il n'est question que de l'homme. Où la conversation souterraine est imperceptible entre l'âme solitaire et les grondements du vent, et la lumière dans le vent. Le paysan connaît bien cela.
Daniel déclare à son tour:
- J'aimais mieux cette époque, on prenait plus d'initiatives, on était plus guides, on prenait toutes les décisions, sans cette trouille d'aujourd'hui. Avant, le guide fonctionnait au pifomètre, il connaissait la montagne, il se démerdait, pas question d'ARVA, ni de radio. Aujourd'hui, j'entends des mecs: on ne part pas sans ARVA. Mais avant, pendant des générations, comment on faisait? Des avalanches, il y en a toujours eu, il y avait un sens montagnard plus élevé.

Le meilleur souvenir de Daniel, c'est le jour où des clients ont sorti des crèpes à la confiture de myrtille, au sommet du Tacul.
- On est resté deux heures. A déguster les crèpes. A contempler. On n'avait pas la trouille. On n'avait pas l'œil sur la montre.

Je pense au roman mythique de Roger Frison-Roche: «Premier de Cordée». Qui décrit le guide comme un héros: paysan et grimpeur, attaché à la terre et marchant dans le ciel, exalté et inculquant la faculté du bonheur, lié à sa vallée et complice des citadins, prêt à se sacrifier pour un inconnu, homme d'honneur, alpiniste doué, bravant les dangers et s'exposant pour le client, pour un peu de gloire, pour rien. Une façon moderne d'exister: vivre de la beauté du monde.

Les oiseaux poursuivent leurs gazouillis. Des tas de choses à raconter. Nous, nous parlons des Gets qui ont pris beaucoup d'essor avec le tourisme d'été. De cette avalanche qui est descendue dans les années

Détails du portail de l'église Notre-Dame-de-l'Assomption (XII-XVIe siècles). Samoëns est un village classé Pays d'Art et d'Histoire.

soixante. Il s'en est fallu de peu qu'elle n'ensevelisse le Vallon. Elle s'est arrêtée contre la chapelle. Cet hiver, une autre s'est arrêtée à 100 mètres des habitations.

Puis nous sommes montés à Chantemerle. Michel nous conduit à la maison de famille. La ferme savoyarde traditionnelle. Où il vient lui-même tous les jours. Pour s'occuper des ânes, tranquillement installés dans un champ qui borde la petite route. Pour nourrir les agneaux dont la mère est morte en mettant bas. Nous traversons la courtillonne et pénétrons dans l'écurie: ils s'approchent de nous,

Cascade dite de «La pleureuse». Il suffit de la contempler pour comprendre pourquoi.

Découverte de la faune et de la flore alpestres en compagnie des gardes de la réserve.
Le cirque du Fer-à-cheval abrite une réserve naturelle dont l'altitude varie de 900 à 3000m. Sa superficie est de 9200 hectares. Une trentaine de cascades font de ce cirque un site d'exception.

Fer-à-Cheval - La montagne du Tenneverge (2989 m) domine le cirque du Fer-à-Cheval et le glacier du Mont-Ruan où le célèbre Jacques Balmat, vainqueur du Mont-Blanc, disparut à la recherche de filons d'or en 1834.

cherchent à téter la main que nous leur tendons. Ils ont une semaine. Si hauts sur pattes déjà. Et si fragiles. Avec leur tache noire sur le museau. Quelque chose en nous renoue avec la grande tendresse de la nature. Une tendresse brute face à la vie qui s'ébroue, à l'eau qui s'écoule, au vent qui fuit. Tous ces grands mouvements perçus dans les boucles de laine vierge. C'est Michel qui leur donne le biberon. Qui jardine. Fait les foins. Comme les guides d'antan. Il nous montre le champ de dessus qu'il fauche dès quatre heures du matin à cause des ruches. A cette heure-là, il est tranquille: les abeilles dorment. Il rentre le foin jusque vers 9 heures du soir.

Une porte communique avec la cuisine qui sert de séjour. A droite, une horloge ancienne. Nous traversons la pièce pour atteindre les deux chambres. Celle des parents et celles des enfants. La demeure paraît vide. Surtout avec les meubles restés là comme si le temps s'était arrêté, creusant des puits sombres entre les pâles reflets de la lumière. De grandes coulées de silence ont recouvert les bruits.

Au premier, la grange où l'on entassait le foin et les outils. Enfin, tout contre l'écurie: la cave où étaient entreposées les patates et la tomme. Les portes grincent sur leurs gonds. Dehors, de nouveau la lumière, la clarté vive de la montagne et toutes les odeurs des champs, des arbres, du fruit qui mûrit, du glacier qui tremble.

De l'autre côté de la rue, la petite chapelle construite en 1684 et placée sous la protection de Saint-François-de-Sales. Au mur, une vague fresque. Au fond, une lucarne sur les cimes enneigées. Chaque fois qu'une personne décédait, on tirait la cloche.

Nous reprenons la rue. Une vingtaine de mètres plus bas, une petite maison aux volets clos: l'ancienne

Dans le hameau de Salvagny, un grand nombre d'oratoires, souvent dédiés à la Vierge, protègent les lieux, le bétail et les hommes.

Le Haut-Giffre est la patrie des tailleurs de pierres réputés et utilisés par Vauban. Ils ont créé de nombreux ouvrages d'art.

Morillon *(alt. 687 m): Traditionnelle cérémonie des tailleurs de pierres. Les familles du village offrent tour à tour le Pain béni en mémoire de la confrérie des «Quatre couronnés» créée en 1830 en hommage aux saints Sévère, Séverin, Carpophore et Victorin, honorés le 8 novembre.*

école. Devenue résidence secondaire. Quelques âmes persistent à faire vivre ce coin de montagne. Comme en ce moment où deux-trois habitants du hameau résidant à Samoëns, comme tous les autres d'ailleurs, sont montés installer des gaines d'adduction d'eau. Un employé de la commune dirige les travaux. Mais partout, dans les prés, aux alentours des bâtisses, dans les arbres qui reverdissent, on ressent comme un accablement pudique. Un grand désœuvrement. La nature et les choses, ensevelies sous l'invisible débordement de l'éphémère.

Pourtant, certains chalets exhibent des portes en bois sculptées. L'un d'eux s'appelle le Paradis. Le mur en calcaire est si bien poli qu'on dirait du marbre. Des colonnes antiques décorent l'ouverture. Sur le fronton, des figurines d'angelots. L'ensemble unit dans un même esprit créatif le sacré et le païen. Le charme de ces façades baroques tient à ce qu'elles s'intègrent discrètement dans l'architecture savoyarde. Elles ont été travaillées par d'habiles paysans que l'hiver ouvrait aux choses de l'art. D'autant plus que les façades, exposées au soleil, rendent le milieu du jour moins froid. Il est vrai qu'au village, il y avait des tailleurs de pierre: une tradition à Samoëns. Ils passaient des hivers entiers à tailler la pierre qu'on trouvait sur place. Un calcaire friable plein de fissures et de nervures. A côté des chalets, les greniers. Autour de nous, entre les ruelles, entre les arbres, le son de quelques clochettes, de quelques clarines. Elles jouent à cache-cache.

D'ici, la vue est splendide, malgré la couche nuageuse qui, aujourd'hui, pèse lourdement sur les Rochers des Fiz. La Pointe de Chardonnière tend son museau vers le ciel gris pâle. On voit bien ses gradins sommitaux dangereusement inclinés que séparent des vires encore enneigées.

Devant nous maintenant, le four à pain. Comme il y avait neuf familles, le village faisait cuire son pain toutes les neuf semaines. A tour de rôle, chacune apportait la pâte pour les autres.

- Mon père chauffait le four. Chacun amenait son bois. Nous, on était tout minots, on piquait un peu de pain à droite et à gauche et on se faisait notre brioche. C'était la grande fête. On buvait la gnôle.

Nous voici dans la grange. Michel me montre les luges dans lesquelles on descendait le foin. Pour les patins, on utilisait des frênes qui croissaient dans des pentes très raides. Le tronc poussait tout d'abord dans le sens de la pente puis se redressait naturellement. La forme était toute faite. Il n'y avait plus qu'à se servir. On assemblait même des troncs entre eux. Ensuite tout était chevillé. Je pense au paret de Manigod: les hommes puisaient leurs idées dans la nature. Un vrai réservoir pour l'imagination. Ils en tiraient les richesses et les enseignements, observant les formes et les couleurs, les mœurs et les caprices de tout ce qui la peuplait. Tout est inscrit dans une seule chose, un seul être. Pour qui sait voir.

Ceci dit, on a beau formuler tous les regrets du monde, les plus profonds et les plus honnêtes, et cultiver, sous la barbe de filasse et le regard abrupt, l'âpre attachement aux valeurs ancestrales, le temps, implacablement, nous entraîne là où il veut. On n'y résiste pas, encore moins à l'idée optimiste et vitale qu'un jour viendra où il nous sera donné de vivre vraiment mieux. Et pourtant, on est condamné à traîner derrière soi la

Sur les chemins paisibles des randonneurs, entre cascades, lacs et forêts, des chalets d'alpage attendent la saison de «l'emmontagné».

nostalgie funèbre du passé. Soyons justes: la beauté du passé tient à la grandeur du présent. Et refuser le second, c'est s'éloigner du premier. Irrémédiablement. Seule compte la mémoire.

Nous revîmes Michel quelques jours plus tard. Je lui avais dit que je venais avec deux classes de collège. Nous avions fait lire, un collègue et moi, le roman de Daniel: «Les Vires à Balmat». L'occasion de découvrir les lieux de l'action. Du coup, il s'était proposé de nous faire rencontrer le Tonkin, un vieux berger, figure incontournable de la vallée, la coqueluche des journalistes. Malheureusement, il se rendait ce jour-là à une sépulture.

Nos deux guides nous firent en tout cas l'amitié de nous accompagner. Les élèves étaient ravis. Nous fîmes le tour du cirque en nous arrêtant devant les panneaux du sentier d'interprétation qui présentent aux visiteurs les curiosités du site. Tour à tour, nos compagnons agrémentaient ces informations de quelques commentaires. Michel avait sorti la pipe. Il campait définitivement cette fois son personnage de vieux baroudeur, se livrant tantôt à quelques explications sur la vie de la vallée ou la configuration des lieux, tantôt en discutant avec l'un ou l'autre, tantôt encore en scrutant silencieusement les falaises. Il me montra un moment les deux cascades du Bout du Monde:

- Il faut attendre dix heures du matin pour les voir couler. C'est le Tonkin qui l'a remarqué. Il paraît que ça vient du barrage d'Emosson.

De certaines manipulations. Le barrage étant situé de l'autre côté du massif, à la frontière suisse, on ne peut s'empêcher d'être saisi par la complexité de cette vie souterraine dont les cascades qui jaillissent de tous côtés ne donnent qu'un faible aperçu. Les ingénieurs tâchent d'en venir à bout et utilisent des colorants permettant de repérer le parcours capricieux des eaux.

La semaine dernière, Michel a monté les moutons en alpage, vers les chalets du Boret. Deux-cent-cinquante bêtes. Ils resteront parqués pendant un mois. A se nourrir d'une herbe bien verte, bien grasse, toute en fleurs. Puis il les lâchera. Ils auront alors tous les alpages de La Vogealle pour eux seuls. En parfaite autonomie: un berger coûte trop cher. Au plus, Michel perdra-t-il, avec les maladies ou les accidents, une dizaine de moutons. En fin de saison, ils redescendront vers le premier pâturage pour profiter de la repousse. C'est là qu'il les récupérera.

Ce soir-là, il est redescendu vers neuf heures. Le cirque était illuminé par le soleil couchant. Un instant de grâce. Ses yeux en brillent encore.

Du même éclat qu'à la vue du chevreuil que nous surprîmes au retour. J'étais alors en train de rapporter à notre jeune auditoire les propos que m'avait tenus le guide sur les enfants qui vivaient dans les pâturages de Prazon. Comme une leçon bien apprise. En mettant toutefois l'accent sur le lien qui unit nos élèves à ces paysans d'une autre époque, d'un autre lieu. Un lien qui tient à une double appartenance: le pays de montagne, les paysages de l'enfance.

Le chevreuil cherchait donc son passage sur un névé qui s'était rompu et ouvrait une gueule noire et ricanante d'où s'échappait une sorte de brouillard, comme une haleine. Il se précipitait puis s'arrêtait pile au niveau de la cassure, remontant à chaque fois. Enfin, tout en haut vers les rochers, il trouva un pont de neige bien tassée, traversa le ravin puis les pentes herbeuses. On le vit resurgir un court instant derrière les aulnes. Enfin, il disparut dans un repli du terrain.

Michel se tourna vers moi: c'était la première fois qu'il voyait cet animal dans les parages. Ça vibrait en lui. Une complicité secrète illuminait son bleu regard.

Bleu comme ces trouées de ciel sur les crêtes avant que les nuages ne s'installent définitivement sur le cirque du Fer-à-Cheval, masquant les vires à Balmat et réactivant dans l'esprit de tous les hypothèses les plus folles sur l'étrange disparition du vieux guide.

Nous défilâmes de nouveau sous la Méridienne. Nos compagnons nous indiquèrent le passage menant au vallon de Tenneverge: le pierrier à remonter, le torrent à franchir sous la cascade, le ravin à surmonter par la fameuse cheminée terreuse appelée Pas Noir, les raides croupes herbeuses à gravir et là-haut, bien plus haut, levez la tête! la corniche de schistes qui ceinture la muraille et exige une traversée vertigineuse au-dessus des à-pics croulants. On atteint alors le vallon.

Les élèves ont les yeux fixés sur la montagne toute puissante.

Tandis que Michel, campé sur ses deux pieds, comme enraciné dans la glaise du Giffre, tire de sa pipe un petit nuage de fumée qui monte, entre barbe et chapeau, vers les cimes. ◆

Thônes *(alt 650 m): Capitale de la commercialisation du Reblochon fermier, la cité abrite de nombreuses entreprises prestigieuses comme Mobalpa ainsi que le Centre de formation aux métiers de la montagne. L'activité culturelle est intense grâce aux «Amis de Thônes» et à l'Ecomusée du bois et de la forêt. La nécropole de Morette rappelle le souvenir de la Résistance sur le plateau des Glières.*

Les rues de la vieille ville et le clocher à bulbe de l'église Saint-Maurice construite en 1697 sous la direction de Pietro Chiesa.

La Vallée de Thônes

Le parfum des alpages

A l'est d'Annecy s'ouvre la vallée de Thônes, ravissante, romantique. La route file entre les falaises du Parmelan et les contreforts de La Tournette, passe à côté du cimetière de Morette et atteint rapidement la petite ville, carrefour de vallées et «capitale des Aravis». C'est en montant vers le sud, en direction du col de la Croix-Fry, qu'on atteint Manigod, un des villages les plus pittoresques de Haute-Savoie.

Ils sont intarissables, assis autour de la table sur laquelle les verres de vin dessinent des fleurs rouges. Par la fenêtre du chalet, je distingue les pentes enneigées de la Tournette. Vers le Fauteuil, son épaule glacée brille d'un miroitement bleuâtre. Le soleil a déjà basculé de l'autre côté de la montagne. Le lac d'Annecy doit flamboyer dans les rayons du soir. Les anciens parlent.

En ce moment, Marius évoque les reblochons que les paysans allaient vendre à Thônes ou au Grand-Bornand, les jours de marché:

Manigod *(alt 935m.): Sur la haute vallée du Fier, dans le cadre exceptionnel des Aravis, le village de Manigod offre une vie traditionnelle rurale tout en gérant deux stations de ski: celle de la Croix-Fry et celle du Merdassier.*

La vallée de Manigod et la montagne du Merdassier.

- Toutes les semaines, on allait vendre nos «reblochons», explique-t-il en mangeant le «e». Il y en avait quelques-uns qui les portaient, ceux qui n'étaient pas très doués pour vendre.
Et puis il y en avait d'autres qui, comme lui, prenaient un peu plus de risques. Ils ne venaient pas tout de suite avec leurs fromages mais guettaient les marchands pour négocier les prix parce que leurs reblochons à eux avaient de la réputation.
- Moi, c'est pas pour me vanter, mais j'étais toujours matinal. J'allais prendre la température des marchands. S'ils venaient à notre rencontre, on savait qu'il fallait monter l'échelle (faire monter les prix), car ils en avaient besoin. Je me souviens: il y en avait un qui était sur la route. Il me demande combien je voulais de mes reblochons. «Oh, t'es bien gourmand! qu'il me dit. C'est parce que tu m'as vu sur la route! Mais si je suis là, c'est pas que j'aie besoin de reblochons, c'est parce qu'il fait froid, et qu'il faut bien se réchauffer.» Mais c'était pas vrai, rigole Marius, il en avait bien besoin de mes reblochons!
Il ajoute:
- Quand ils venaient à notre rencontre sur la route, c'était bon signe, mais des fois ils allaient faire la belote entre eux, et ça, c'était mauvais: on était condamnés, on allait passer à la casserole.
Il faut savoir qu'il était illégal de conclure des marchés avant l'ouverture. C'est ainsi qu'une fois les gendarmes étaient montés chez Marius et lui avaient dressé un procès-verbal. Là-dessus, le maire lui demande combien il avait vendu ses reblochons, histoire de connaître le cours du fromage, car beaucoup couraient après lui pour savoir combien ils devaient se faire payer:
- Je lui ai dit qu'il demande aux gendarmes! «Vous faites monter les gendarmes parce qu'on vient de bonne heure, mais si on vient de bonne heure, il y a une raison! (faire les cours précisément).» «Ne te fais pas de soucis, qu'il me dit, tu ne la paieras pas ton amende, allez viens boire un verre.»
Et Marius de conclure avec un brin de nostalgie où pointe la malice:
- Maintenant, ça a changé, les gens sont devenus plus honnêtes. Et puis les marchés se font à la maison.
N'empêche qu'à l'évocation de certaine famille, il fulmine:
- C'étaient des truands, s'ils pouvaient en truander un.
Mais sa rancœur tient moins, semble-t-il, au souvenir de s'être fait posséder qu'à celui d'avoir trouvé plus rusé que lui. La preuve, c'est qu'un jour un maquignon l'a traité de salaud. Régis ne s'est pas démonté et lui a tendu la main:
- Eh bien, serre-moi la main, dit-il, on est frères!
Son père, d'ailleurs, ne lui disait-il pas: « Quand tu achèteras, tu auras toujours assez tôt de mettre, mais quand tu vendras, tu auras toujours assez tôt de rabattre!» Et de déclamer la maxime en patois sous les visages hilares de la tablée.
Avec un plaisir non dissimulé, il raconte encore l'anecdote d'un roublard de première. Tout le monde se faisait berner. Sauf un. Voici l'histoire:
Un jour, un vieux paysan fait une vente à un maquignon de sa connaissance. On se tape dans la main: marché conclu. Quand son fils va chercher l'argent que l'autre lui doit, il n'obtient que la moitié de ce qui avait été

La luge de Manigod est unique en son genre; on l'appelle le «paret». Une fois assis dessus, on tient le manche et on dévale les pentes.

La spécialité de la vallée de Manigod reste le reblochon. Le travail artisanal des produits laitiers offre les vraies saveurs du terroir. Les tommes blanches de Mireille sont particulièrement réputées.

Le retour du troupeau pour la traite.

convenu. Le vieux ne dit rien: il sait à qui il a affaire. Il laisse passer une année. A la foire de la Clusaz, il retrouve le maquignon et, comme si de rien n'était, lui déclare qu'il a chez lui deux vaches susceptibles de l'intéresser. L'autre le suit. L'affaire réglée, ils vont dans le mazot pour boire la gnôle. Ils montent dans la pièce où sèchent les jambons. Là, le vieux ferme la porte à clé, sort le fusil et lui dit: «Tu sais ce que tu me dois?» Et il lui fait signer une reconnaissance de dettes. L'autre s'exécute sans broncher. Evidemment, l'affaire a fait le tour de la vallée.

Le mazot, qu'on appelle encore grenier, est une construction de bois reposant sur une assise de béton, indépendante du chalet où vivait la famille et dans laquelle on entreposait tout ce qui avait de la valeur: objets précieux, bijoux, belles étoffes, habits du dimanche, papiers importants, ainsi que le grain pour le pain ou l'orge pour les bêtes. Sans compter la viande séchée à la cheminée. Ainsi, si le feu venait à se déclarer dans l'habitation principale, tous ces biens étaient sauvés. Autre précaution: il devait être fermé aux rongeurs! Malheureusement, ces greniers sont parfois achetés et transportés pièce par pièce dans d'autres lieux pour être remontés.

Je jette un coup d'oeil sur le buffet en noyer blond qui éclaire la pièce sur notre gauche. Son plateau est couvert de coupes: une vache en bronze nous regarde. Je demande à Régis quel est son meilleur souvenir parmi toutes ces remises de trophées. Il se retourne sans hésitation et décroche au-dessus de lui un cadre contenant un diplôme. Je lis: «Concours Général Agricole.» Le premier prix a été décerné à Régis Fillion pour les reblochons. C'était en 1982. Marius lui demande s'il est allé à Paris. Régis:
- Tu rigoles? Pas moi. Mais les reblochons, oui.
Eclats de rire. Leurs casquettes en tremblent.
Et Régis de préciser que pour les foires, il fallait rajeunir la vache, c'est-à-dire lui couper le bout des cornes puis gratter celles-ci jusqu'au coeur, la «moelle» selon le mot de Marius. Cela donnait un aspect vert au bois. Mais tout le monde ne s'y laissait pas prendre. Moi:
- Ça devait prendre du temps!
- Mais on avait le temps! On faisait ça en hiver.
C'est comme les brins d'herbe que la faucheuse n'avait pu ôter près des arbres. On revenait avec un couteau et on nettoyait tout autour de la souche. On avait le goût des choses bien faites. On prenait le temps.
Albert demande si les vaches de la vallée sont des tarines ou des abondances.
- Des abondances, lui réplique-t-on.
- La tarine a le bout de la corne noir. Les yeux noirs aussi.
- Mais pourquoi, continue Albert, parlez-vous tout le temps d'acheter ou de vendre telle bête ou telle autre à la foire? Vous pouviez bien vivre avec vos troupeaux!
On lui dit que c'est ainsi. C'est pour le plaisir d'acheter et de vendre. De faire le maquignon.
- Aujourd'hui, on ramène la bête à l'écurie sans même savoir combien elle va coûter.
Chaque fois que Raymond parle, Marius tend son visage cerclé de lunettes et approuve: «Oui, oui, c'est ça». En même temps on le sent à l'affût d'un oubli ou d'un accroc dans le débit régulier de son compagnon, histoire de placer un bon mot ou de renchérir: même là, Marius veut s'imposer. Gentiment bien sûr. Disons que c'est dans sa nature. Un maquignon, ça ne se refait pas.

Le fils de Régis est arrivé. Il est célibataire et vit avec son père. On lui demande combien il a de têtes? Une cinquantaine. Des génisses mais surtout des laitières. Combien elles donnent de lait? L'une, dit-il, a donné jusqu'à 50 litres. Cela fait bondir Marius:
- Je voudrais bien contrôler! Et d'affirmer, narquois: Gilbert, il faut l'écouter que quand il siffle!
C'est comme le marchand de bois à qui il dit un jour qu'il n'avait pas le même mètre que lui. «Vos bûches, elles ne font pas un mètre!» Et il va chercher le sien: elles ne faisaient en effet que 90 centimètres! L'autre resta coi. Horreur d'être la dupe. Ne supporte pas, Marius.

Pour en revenir aux bêtes, avant elles ne donnaient que dix-huit litres. Tout ça parce qu'aujourd'hui, on les nourrit avec «des granulés». On les soigne. De leur temps, dans les périodes de «vaches maigres», pourrait-on dire, elles se contentaient de quelques poignées de son. Evidemment, ça compte! N'empêche qu'aujourd'hui, ce ne sont que des «usines à lait»!

Raymond a entamé une histoire qu'il tient de son père: un paysan allait à la foire avec son âne. Pour d'autres, c'était une jument, précise-t-il. C'était selon l'aisance. Il poursuit:
- Là-bas, il faisait la java. Il rentrait souvent avec un petit coup dans le nez. Un jour, le curé, qui était un bon prédicateur mais ne savait pas chanter, lui a fait «une petite niche». Il a mis un journal en guise de bonnet sur la tête de l'âne que l'autre avait attaché à un marronnier. Quand le paysan est revenu, il a tout de suite deviné que ça venait du curé qui était resté par là et qui l'avait salué avec un sourire narquois. Alors il lui dit aussitôt, en parlant de son âne:
- Pour lire, il ne sait pas lire, mais pour chanter, il sait chanter comme pas beaucoup y en a!
Cette fois, Raymond a commencé par la traduction. Maintenant, il prend plaisir à prononcer la réplique en patois comme pour mieux en exprimer la malice et soupeser la force corrosive des mots. Puis il la répète encore une fois en mâchant littéralement les syllabes. Il savoure son pays, se délecte de ce bon mot qui, lui aussi, a fait le tour de la vallée. C'est l'âme de son pays qui ressurgit dans la farce du curé et la fanfaronnade du paysan.
Nous rions. Marius aussi, mais plus gravement on dirait. Car l'âme du pays, c'est aussi son enfance.
Une enfance rude marquée par les travaux des champs, les corvées à la ferme, le froid, les privations de toutes sortes, sans compter une soumission absolue à l'autorité patriarcale. Mais aussi une enfance heureuse animée par les jeux, les fêtes, les bals au son de l'harmonica dans les granges, les veillées, les bons tours, l'amitié et la solidarité. Plus la vie est dure, plus on aime rire. et plus on aime la vie. Plus la terre est dure, plus on aime travailler et plus on aime la terre. Sans se poser de questions.
- C'était plus dur que maintenant, dit Marius, mais il y avait moins de contraintes.

Puis, passant à une autre idée:
- Quand on était conscrit, on venait passer le conseil de révision à Thônes. Le maire nous accompagnait. On lui payait à manger. Après, on faisait la fête toute la semaine. On passait dans les maisons. On allait où il y avait les «classardes». Ça nous faisait danser.
- Tu te rappelles la «complainte», Marius? Les jeunes se rassemblaient. Ils ramassaient des oeufs partout chez les gens. On faisait une grande omelette.
- A Carnaval aussi, on ramassait des oeufs, renchérit celui-ci qui demande aussitôt confirmation: Chez vous aussi à Manigod, hein? Mais déjà, il enchaîne: on trouvait toujours bien un endroit où il y avait quelques filles pour danser, pour s'amuser.

La Clusaz (alt 1040 m): Située au pied du massif des Aravis, La Clusaz a été l'une des premières stations à développer le tourisme d'été.
La Clusaz compte plusieurs champions tels Guy Périllat, Edgar Grospiron, etc. Tous les ans, la fête du Reblochon est consacrée à ce fromage typique des Aravis.

L'église de Sainte-Foy est placée sous le vocable de la vierge martyre qui subit le supplice du feu à Agen en l'an 303.

La Clusaz et la montagne du Merdassier (altitude 2313 m).

- On aimait bien faire des farces, souligne Raymond avec un sourire qui en dit long. Un jour, les gars ont monté la charrue d'un paysan au sommet d'un arbre.
Pas un pour relever l'autre. Ainsi, parmi les corvées, l'une consistait à charrier le fumier jusque dans une fosse attitrée. Mais c'est souvent que le paysan versait le contenu de sa hotte dans la fosse du voisin et poursuivait son chemin, l'air de rien. Une façon d'économiser ses forces!
A propos de corvées, l'une consistait à monter le bois dans les chalets pour préparer l'estive. Ça se passait le soir, quand tout le monde se retrouvait. C'était pratique: chacun portait du bois sur son épaule et un moule était vite monté. On y «allait à la lune». Ensuite, c'était le gueuleton: on tuait le cochon et on mangeait des saucisses.
Parfois, c'était le contraire. On n'avait plus assez de foin ou de fagots en bas. Il fallait aller chercher ce qu'on avait laissé dans les chalets. Sous les fers des juments, on mettait de gros clous avec un diamant au milieu pour mieux accrocher la glace.
La jument occupe une place capitale dans la vie paysanne. Dans la conversation revient souvent le souvenir de déplacements nocturnes. La jument et la lune! Image fantastique. La poésie se glisse imperceptiblement dans l'évocation de ce monde d'un autre temps.
Ainsi encore: Marius qui est originaire du Grand-Bornand emmontagnait à Merdassier. En demi-alpage. C'est-à-dire entre 1 200 et 1 500 mètres. L'alpage étant plus haut, vers 1800-2000 mètres. Ça prenait du temps. On empruntait les chemins en pleine nuit. Sans lanterne. Ça n'existait pas.
J'imagine les lentes processions sous les étoiles. Et l'ombre des montagnes.
- Puis les voitures sont arrivées, dit Marius. Et avec elles, les routes, comme celle qu'ils ont construite en 1953 pour relier Manigod à La Clusaz par le col de la Croix-Fry.
Et les étoiles, comme les montagnes, n'ont plus été tout à fait les mêmes.

Raymond ajoute que ces déplacements étaient parfois dictés par l'amour: ainsi ce jeune paysan de Manigod qui subtilisait régulièrement la jument du curé pour rejoindre sa bien-aimée vers le col. Il mettait des chiffons sous les sabots pour éviter tout bruit. A force de remarquer, au petit matin, des traces de sueur sur sa jument, le curé finit par découvrir le pot-aux-roses.
- Mais vous ne parlez que de juments. Pourquoi pas de chevaux? interroge Albert.
- A cause des litières.
Et Régis d'expliquer dans le détail que la jument pisse par derrière et que tout ça s'évacue dans des rigoles. C'est pratique. Tandis que le cheval, quand il pisse, c'est par-devant. Il en met plein partout. Or, on n'a pas de litière. Et pourquoi? J'avoue que je n'ai pas le temps de me poser la question. La réponse tombe avec un naturel désarmant:
- On n'a pas de paille. Le blé, c'est dans la vallée qu'on le cultive.
Pas de paille, pas de cheval. C'est l'évidence même. Et j'ai à peine le temps de faire le rapprochement entre le membre du cheval et la culture des céréales qu'ils attaquent un autre sujet. Je suis étourdi. Etourdi par tant de subtiles démonstrations, d'anecdotes salaces, de références sociales, d'allusions locales, de résonances diverses! Ils m'oublient, me reprennent, s'égarent, reviennent à la charge; quant à moi, je sombre dans l'eau, en ressors la tête, la replonge. Et saisis mon verre pour me raccrocher à quelque chose. Je bois un coup. Régis me ressert.
En moi, le cauchemar délicieux d'une charrue dans un arbre, d'un fusil braqué sur la poitrine d'un homme tandis que des gendarmes interpellent le vendeur de reblochons et qu'un âne coiffé de papier journal tire sur sa longe. Soudain, voici qu'une jument marche dans la lune et qu'une autre éclabousse le sol de milliers de diamants. Puis c'est un couple qui danse autour d'une immense omelette, cependant que Régis, le diplôme sous son bras, ôte son béret pour saluer l'assistance.
Un jeune homme vient de pénétrer dans le séjour. Tout souriant, il nous montre le «paret» que son grand-père lui a demandé d'apporter. C'est un instrument en bois qui permet de se déplacer sur la neige. Il tient à la fois de la luge et du ski. Les enfants l'utilisaient alors pour se rendre à l'école. Le siège est très bas et une pièce de bois, accollée à celui-ci et recourbée à l'avant, revient par-dessous pour prendre la forme d'un patin. Un simple manche sert à se maintenir sur le siège. Tous précisent que le bois du patin est «emprunté». Devant ma mine perplexe, ils se mettent en devoir de m'expliquer qu'autrefois le bois était cintré naturellement, soit qu'il épousât la forme de l'arbre, soit qu'on la lui fît prendre en le trempant dans l'eau chaude puis en exerçant une traction à l'aide de cordes, enfin en le laissant sécher. Aujourd'hui, pour aller plus vite, le bois est directement scié dans la masse. Sa forme n'est donc plus naturelle mais «empruntée». Pour lui assurer une solidité qu'il n'a plus, on a appliqué un rail métallique sous les patins. Sans cela, nul doute qu'il casserait.
- On peut aller jusqu'à soixante, soixante-dix à l'heure, commente le petit-fils.
C'est un champion. Il a fait troisième à la dernière manche de la compétition annuelle de paret, un sport qui n'est pratiqué que dans la vallée dont il est originaire. Sur le siège qu'il a revêtu d'un fin grip en caoutchouc, le drapeau de la France et ces mots: «La victoire est en nous».
Il est à peine parti qu'entre André. Lui et Raymond sont conscrits. André occupe sa retraite en faisant le menuisier. Il fabrique des tavaillons, des bardeaux et des ancelles. Je veux lui demander quelle différence il y a entre tout cela. Il ne m'en laisse pas le temps. Les tavaillons sont des morceaux de bois qui mesurent trente centimètres. Les bardeaux: quarante. Les ancelles: quatre-vingts. Ce sont les tavaillons qui font les plus jolis toits.
- Je vous ferai voir tout à l'heure, dit-il en roulant des yeux et en recalant son ventre contre la table et son béret sur le crâne.

On en vient à évoquer les familles qui peuplent la vallée. Comment faire pour distinguer un tel d'un autre sachant que tous sont plus ou moins parents et portent donc le même nom? Eh bien, on leur ajoutait le nom d'un parent proche. Ainsi, il y avait les Veyrat-Charvillon, les Veyrat-Fillion, les Veyrat d'Urbex, les Veyrat-Parisiens, les Veyrat-Lachenal, etc. Et cela persiste aujourd'hui. On trouvait aussi, par filiation, le Pierre à la Constance, le Georges à la Thérèse, etc. On les affublait encore de sobriquets liés à un tic, une activité, etc. Ainsi, il en

Cols des Aravis (alt 1486 m) et du Jaillet (1723 m): Dès la fonte des neiges, les troupeaux «enmontagnent». Le bétail raffole de cet herbage parfumé de fleurs alpestres qui donne un lait exceptionnel. Les maîtres-fromagers alpagistes le transformeront en beurre et fromages aux saveurs incomparables. Ils portent les goûts du terroir savoyard sur les tables des restaurants les plus prestigieux.

est un qu'on appelait le petit à Boure, parce que son grand-père était connu pour faire un «beurre» bien blanc. Raymond explique encore que Goillet était nommé Bronzin. Dans le temps, on utilisait des fourneaux à quatre trous, chacun de taille différente. A chaque trou correspondait une marmite qu'on appelait bronzin: la plus grande pour la soupe des bêtes (les cochons par exemple; et on y mettait entre autres des pommes de terre), une autre pour la soupe familiale, une autre encore pour le café, etc.

- La mémé, elle était toujours autour de ses bronzins. Les enfants, on a fini par les appeler Bronzin. Si bien qu'on a eu Pierre à Bronzin, Théophile à Bronzin, etc.

- Oui, oui, c'est ça.

Marius sent qu'il est trop tard: les mots se pressent sur ses lèvres, il ne peut plus les arrêter. Il lâche:

- Nous par exemple, on nous appelait Gros Nez.

Il a laissé tomber le sobriquet avec un sourire pudique, tout en esquissant un geste vague. Son visage est dans l'ombre; seules ses lunettes brillent. Ça fait des éclats de soleil à la place des yeux.

Il y avait aussi, poursuit Raymond, des grands poêles. Car les cheminées, à ce moment-là, faisaient toute la pièce.

- Dans certains chalets, il n'y avait même pas de fourneau,

ajoute Marius. La marmite était pendue à la crémaillère et on faisait le feu dessous, directement, sans rien.
La structure même du toit en tavaillons était liée à la position centrale du foyer qui représentait le cœur de la maison. On s'y chauffait, on y faisait la cuisine, il animait les veillées. Les jambons pendaient autour. On glissait des brins de genièvre dans la flamme pour les parfumer.

La forêt savoyarde couvre plus d'un tiers du département et offre un matériau de choix pour la construction de l'habitat local. Les fameux sapins, épicéas, mélèzes sont utilisés pour l'artisanat et la construction.

Cela a duré jusqu'à la guerre. Par la suite, l'habitation s'est modernisée. On a bouché les cheminées.
A propos de la guerre, il faut savoir que la Résistance est née dans un chalet tout près de là, au Macheux (une plaque signale d'ailleurs l'événement). Mais comme il devenait de plus en plus dangereux de traîner dans le secteur, un jour, on les «déménagea» vers les Glières. L'un de ceux qui intervinrent tomba à la renverse au cours de l'opération et se brisa la tête. Justement, c'était vers la Tête, une croupe herbeuse située à la sortie des bois quand on monte vers la Pointe d'Orsière ou le Sulens. Albert signale que, la veille, il est passé par là. Silence. Tous se regardent. Ouvrent de grands yeux. Se font répéter la chose. Mais comment? En raquette, réplique Albert. Jusque là? Ils n'en reviennent pas. Et Albert d'enfoncer le clou:
- On est monté juqu'au sommet de la Pointe, puis on est redescendu de l'autre côté pour faire une boucle.
Nouveau silence. Restent bouche bée. Ecarquillent plus grand les yeux. N'en croient pas leurs oreilles. Quand le fils réapparaît, on lui vante aussitôt l'exploit. Albert esquisse un sourire qui oscille entre fierté et étonnement. Monter vers la Tête n'est qu'une simple promenade hivernale très courue des randonneurs. Mais les gens d'ici gardent le souvenir d'une montagne difficilement accessible en hiver. A l'époque, on n'y allait que par nécessité. On n'aimait pas la neige. Elle empêchait de vivre, elle enfermait. Difficile de comprendre qu'on puisse se promener là où l'on a peiné. Même si l'on admet qu'on puisse faire du ski sur les pentes de Merdassier.
- Aujourd'hui, la neige fait vivre. A ce moment-là, il y en avait parfois deux mètres. Certains ne sortaient pas de chez eux pendant un mois!

Dehors, le paysage est splendide. Manigod offre l'un des plus beaux panoramas des Aravis: à l'est, le massif de l'Etale aux couloirs abrupts et rehaussés de pointes rocheuses; plus au sud, la pyramide du Charvin plantée sur les croupes modestes de la Tête de l'Aulp, de la Goenne et de la Tulle; à l'ouest, les vastes champs glacés de la Tournette. Puis mon regard revient à l'Etale, glisse le long de ses parois blanches, court sur ses arêtes. Une dentelle princière flotte dans l'azur. Montagne majestueuse que le soleil, imperceptiblement, inonde de couleurs dorées puis roses. Un doux concert s'élève de la vallée et monte dans le ciel bleu. Je dis à André que c'est une chance d'avoir vécu en face d'un si beau paysage. Mais pour lui, la montagne est une compagne. On s'habitue à sa beauté, à ses humeurs. Elle n'est pas esthétique, elle est vivante.
Pas comme pour nous, les contemplatifs, consommateurs d'extases et de chimères. Il nous faut sans cesse inventer sa beauté. A grands coups d'émotion. Parce qu'on veut mettre des mots sur ce qui nous dépasse: une lumière, un rocher, une pointe. On veut posséder l'indicible teinte du couchant, arrêter le cri éphémère de la glace et le vol des feuilles dans les champs bleus de l'automne. On ne sait pas vivre avec les choses, on n'ose pas renoncer à s'émerveiller. On ne sait pas exister avec la montagne contre soi, sans se poser de questions. On ne peut pas. Car renoncer à surprendre le miracle d'exister, c'est cesser de sentir son existence comme un don du ciel, c'est accepter de n'être rien qu'un bruit, un souffle, un regard, une misère, quelque chose qui pousse et passe,

pleure et rit, fond ou s'évapore. Qui oserait? Qui oserait défaire une à une les métaphores du monde pour se retrouver le visage dans un soleil qui ne serait que soleil, une eau qui ne serait que de l'eau, un vent qui ne serait que du vent? Seul et sa peine au milieu de la nature? Et sa joie étrangère aux choses?
André a levé légèrement son maillet. Deux-trois coups secs sur la lame et le fer mord la bûche. Un autre coup et elle se fend. Il fait jouer le fer dans l'entaille. Quelques tractions et cette fois c'est toute une planchette qui se décolle, parfaitement rectiligne, en émettant un craquement, comme une déchirure. Un travail qui respecte les fibres du bois.
- C'est bien mieux que le bois scié, affirme André. Ici, tout se tient. L'eau ne risque pas de passer.
Et il nous montre l'ancelle, flambant neuve. On entend presque les soupirs de l'arbre.

Finalement, nous regagnons Thônes en nous glissant dans le flot de voitures qui redescend de la Croix-Fry. Il devait faire bon skier là-haut! Nous repassons devant l'église de Manigod qui date du siècle dernier. Difficile d'imaginer le travail que sa construction a représenté. Elle fut en effet construite sur pilotis car le terrain était trop instable en cet endroit pour recevoir des fondations. C'était le seul disponible dans un secteur où tout n'est que pentes. Des sapins entiers, longs de 20 mètres, furent plantés dans des trous énormes et servirent de support à l'édifice: un travail titanesque pour une époque où l'on ne disposait pas de moyens mécaniques. Récemment, des travaux ont eu lieu sur la placette de l'église: les ouvriers sont tombés sur les troncs pris dans la glaise. Ils sont toujours intacts! Comme quoi le bois ne se détériore qu'au contact de l'air.

Thônes. Albert m'explique l'origine du mot «reblochon»: Le paysan devait au propriétaire une certaine quantité de lait. Quand ce dernier venait contrôler la traite, le paysan ne trayait jamais totalement la vache. Le propriétaire parti, il s'empressait de traire de nouveau ou «reblocher», en patois. D'où le nom de «reblochon» pour le fromage qui en résultait et qui était d'autant plus apprécié que le lait resté dans les mamelles était plus crémeux. Ce n'est pas un hasard si Marius est revenu plusieurs fois sur la vente des reblochons en faisant l'éloge du savoir-faire des paysans de sa trempe. Ce fromage, c'est l'âme de la vallée. De ses habitants. Conçu dans la nécessité, fécondé par la malice, avec un coeur d'autant plus tendre que l'écorce est dure!

Rumilly. Tandis que je passe devant l'hôpital, les propos de Raymond me reviennent soudain à l'esprit. Son père souffrait de l'appendicite. Il va à l'hôpital, mais ça se complique: il faut l'opérer d'urgence d'une péritonite. Il doit donc vendre une vache. L'opération terminée, il n'a plus d'argent pour l'appendicite. Qu'à cela ne tienne! Il va voir le percepteur et obtient une remise d'impôt. On en pleurerait. Des larmes d'un autre monde.

Durant le long hiver, les paysans, bloqués chez eux, ont réalisé des outils, des meubles, des objets sculptés, souvent à l'Opinel, l'incontournable couteau savoyard.

Le monument «L'Envol» d'Émile Gilioli, inauguré par André Malraux en 1973, illustre sur le plateau l'ultime combat d'une poignée de maquisards, symbole de la Résistance française face à l'occupation allemande. Tom Morel, puis le capitaine Anjot et leurs compagnons de lutte, ont permis à la Haute-Savoie d'être le premier département de France à se libérer lui-même.

Les Résistants du Plateau des Glières sont organisés comme un bataillon de chasseurs alpins. L'hiver, par des températures de -15°, les maquisards ont vécu dans les chalets d'alpage. C'est sur les Glières que le 1er août 1944, 2000 d'entre eux se sont réunis afin de réceptionner armes et munitions parachutées. Peu après Maurice Schumann déclarait sur les ondes de la BBC que «trois Pays résistent en Europe : la Grèce, la Yougoslavie et... la Haute-Savoie». Le plateau des Glières entrait dans la légende.

Le Plateau des Glières

Histoire d'un mythe

Thorens est un joli village situé un peu à l'écart de l'axe reliant Annecy à La Roche-sur-Foron. A l'est de celui-ci s'ouvre un vallon ceinturé par les falaises du massif des Bornes. Au-dessus des pâturages qui témoignent d'une vie pastorale paisible, des pentes boisées abruptes se heurtent aux parois calcaires et délimitent un cirque apparemment infranchissable. Une route cependant monte en lacets audacieux, surmonte des ravins en épousant les caprices du relief et finit par déboucher sur une vaste étendue d'alpages: le plateau des Glières. C'est ici que s'est déroulé un des épisodes les plus célèbres de la Résistance en France.

Fin mars. La neige recouvre encore le sol. Au bout du parking s'amorce le chemin qui permet de faire la visite historique du site. Michel Germain, historien, a bien voulu m'accompagner pour me raconter l'Histoire du maquis des Glières. La journée est magnifique. Personne ou presque sur le plateau. Un engin tourne à quelque distance de là pour damer une dernière fois les pistes. Nous avançons sur une neige déjà bien transformée, nos pieds s'enfoncent à peine.

Le débarquement est imminent. Il faut préparer le terrain. Le 27 janvier 1944, Winston Churchill décide de larguer des armes sur la Haute-Savoie. Pourquoi les Glières?
Parce qu'on sait que dans le massif des Bornes existent des maquis capables de réceptionner des armes. Des hommes qui ne risquent pas de les utiliser à des fins révolutionnaires. En un mot : qui ne sont pas communistes. Par ailleurs, le plateau représente une vaste zone de largage. Le relief se prête bien aux manoeuvres aériennes: ainsi, les avions arrivant du nord-ouest passent une première fois au-dessus de la zone de parachutage et vont tourner sur le plateau de Cenise, pendant qu'on allume les feux. Mais comment repérer le site alors qu'il fait nuit et qu'Annecy est plongée dans le noir? Il convient de choisir une nuit de pleine lune. Quand l'aviateur, en provenance d'Angleterre, arrive à deux cents kilomètres, il prend le Mont-Blanc, avec la pâleur de ses glaciers, en point de mire. Il trace une bissectrice imaginaire entre les eaux scintillantes du Léman et du lac d'Annecy: il est dans l'axe du plateau. Ajoutons enfin qu'il est difficile d'attaquer celui-ci. Il n'y a aucune véritable voie d'accès: la route actuelle n'existait pas. Du côté du Petit-Bornand monte un chemin que seule une charrette tirée par un cheval peut emprunter. Tout autour, ce ne sont que falaises et ravins abrupts.
Londres demande donc à la Haute-Savoie de mobiliser des hommes pour réceptionner les armes. Tom Morel, lieutenant au 27e Bataillon des chasseurs alpins, est nommé chef des maquis du département par Roman Petit, lui-même chef des maquis de l'Ain. Il a pour mission de rassembler une centaine d'hommes sur le plateau. Dans la nuit du 31 janvier au 1er février, des jeunes, venus de Thônes, de Manigod et de Serraval, montent par le Nant du Talavé.
Parallèlement à cela, on assiste à une recrudescence du terrorisme dans la région: les résistants sabotent les lignes et multiplient les attentats contre les collaborateurs. Berlin exige de Vichy, c'est-à-dire de Laval, Pétain et Darnand, que cesse cette situation. Ils ont jusqu'au 12 mars. Laval nomme le colonel Lelong Intendant de police en Haute-Savoie. Comme un fait exprès, le département est mis en état de siège le 31 janvier. Du coup, l'action menée par Morel et ses hommes, devient la cible des forces de répression engagées par cette mesure. Ce qui ne devait être qu'une simple participation à la Résistance prend soudain la dimension d'un véritable fait d'armes. Le destin tisse autour du Plateau la trame d'une douloureuse épopée. Qui ne durera pourtant, en tout et pour tout, que 55 jours.

Si la Résistance n'a pas réduit les attentats dans une période aussi cruciale, c'est bien parce que l'intervention des Glières n'a rien de capital en soi. Sans compter que les forces de Résistance manquent d'unité. D'un côté, en effet, il y a l'AS (Armée Secrète) qui prend l'initiative des Glières, de l'autre les FTP (Francs Tireurs et Partisans de la France), encadrés par des communistes et agissant essentiellement dans le Chablais et la Haute Vallée de l'Arve. On ne peut pas demander à ces derniers de cesser leur action car une autre branche est occupée à assurer de simples parachutages. D'autant plus que les armes ne leur sont pas destinées. Il faudra attendre 1943 et Jean Moulin, véritable artisan de l'union de la Résistance, pour que soient enfin créées en mars 1944 les FFI (Forces Françaises de l'Intérieur) qui assureront l'unité politique et militaire de l'ensemble du mouvement.

Nous nous asseyons sur une forme de terrassement, face au soleil. Il fait drôlement bon. Dans notre dos, une bâtisse vide. Elle servait de PC. Derrière une fenêtre sans carreau, on devine une petite pièce sans âme: la cuisine. C'est là que se tenait Tom Morel. A côté, une ouverture dessine un rectangle noir dans le mur de parpaings. Michel reprend:
- Le mois de février 1944 n'est pas bon du point de vue météo. En plus, il y a deux mètres cinquante de neige, là, juste en face de nous. Quand il ne neige pas, c'est la bise qui souffle et on atteint des températures de -20, -25 degrés. Les gars sont gelés, c'est épouvantable.
Ceci dit, la vallée étant en état de siège, de nombreux jeunes rejoignent le maquis des Glières. A la fin février, ils sont environ 220 à 230. Tom Morel va disposer des postes de surveillance tout autour du plateau: sur la montagne des Auges, à la chapelle de Dran (ou Notre-Dame-des-Neiges selon l'appellation des paysans du coin), à Champ Laitier, vers l'Outan. Les autres, prêts à accueillir les parachutages, sont répartis dans les différents chalets du plateau, véritable quartier militaire avec son mât central et ses différents services. L'un était utilisé comme infirmerie. Un autre abritait une section d'éclaireurs skieurs. Un dernier était appelé pompeusement «l'arsenal». Si le plateau était habité en permanence (il y avait notamment une école qui fermera en 1935), tous ces chalets d'alpage n'étaient pas utilisés en hiver et avaient évidemment un confort sommaire. Il fallait souvent supporter des conditions difficiles. Le froid, par exemple, passait entre les planches disjointes. Ils seront entièrement détruits par les Allemands. Par la suite, on les reconstruira.
Tom Morel fait donc hisser le drapeau français et demande à tous de prêter serment: vivre libre ou mourir.
- «Vous êtes des jeunes qui allez libérer la France.»
Michel a pris la place de Tom Morel. Il s'adresse à tous ces gosses enthousiastes qui dressent la tête, le visage farouche, traversé de temps en temps par un rictus d'inquiétude. Cela se passe le 20 février.
Pendant ce temps-là, Lelong a créé la cour martiale: de nombreux jeunes sont passés par les armes. Mais la propagande a beau expliquer aux Francais que la Résistance est constituée de terroristes communistes, on sait que l'encadrement du maquis des Glières est constitué de soldats du 27e Bataillon.
- La propagande se casse les dents là-dessus!
Le plateau est entouré par la Garde et les GMR (Groupes Mobiles de Réserve, ancêtres des CRS) qui, ne connaissant pas le terrain et redoutant les conditions hivernales de la montagne, se contentent de bloquer les issues et attendent le printemps pour attaquer. Lelong essaie de convaincre le maquis. Comme Tom Morel, lui aussi est Saint-Cyrien.
- «Vous disparaissez, et on n'en parle plus.» Oui, mais il a affaire à de jeunes réfractaires qui ne veulent pas partir travailler en Allemagne et sont décidés à se battre pour libérer le territoire. Lelong n'avait pas prévu le scénario. Il est ennuyé, mais il a reçu des ordres. En plus, la Résistance, comme on le sait, n'est pas «monolithique». La hantise des communistes demeure.
Le 12 février avait eu lieu un violent accrochage entre les maquisards et les forces de Lelong. C'était la première fois que des Français tiraient sur des Français, qu'un combat à ciel ouvert avait lieu entre la Résistance et le régime de Vichy.

- C'est un peu une guerre civile, cette histoire d'occupation. Parce que la Résistance en Haute-Savoie s'est davantage battue contre Vichy que contre les Allemands. Ce qui n'était pas le cas dans le nord de la France.
Le 5 mars a lieu un premier parachutage.
Le 8 mars, un petit avion allemand de reconnaissance survole le plateau!
Tom Morel rencontre son adjoint, le lieutenant Joubert: il faut redescendre avec les armes dès maintenant. Mais ce n'est pas facile: il y a beaucoup de neige, les hommes n'ont pas d'équipement, ni de radio. Ainsi, pour prévenir le PC, ceux qui sont postés sur la montagne des Auges doivent descendre à pied tous les matins. Pour remonter le soir.
Le 9 mars, Cantinier, officier de liaison entre Londres et la Résistance en Haute-Savoie, monte sur le plateau et annonce que le débarquement est imminent. Au plus tard, il aura lieu à la lune d'avril ou de mai. En réalité, il faudra attendre début juin. Mais personne n'a d'information précise. De Gaulle lui-même ne connaîtra le jour du débarquement que la veille.
- «Il faut vous organiser en conséquence.», ajoute Cantinier. «La mission change. Vous restez là. Vous allez recevoir d'autres parachutages.»
Michel est devenu officier de liaison. Il regarde Tom Morel avec insistance. Puis se tourne vers moi pour commenter:
- L'idée est de créer sur les arrières de l'ennemi des zones d'insécurité qui l'obligeront à maintenir des troupes.
Entraîné par la tournure dramatique des événements et la conviction de mon compagnon, je suggère:
- Peut-être une véritable force.
Et Michel d'approuver avec un brin de retenue à laquelle il associe le lieutenant:
- Si on peut, si on peut.

En face de nous, sur la piste de ski de fond, un couple passe en glissant avec une aisance remarquable. Une grâce aérienne. Leurs combinaisons fluos font des taches de couleur dans le vaste champ de neige. Au-dessus d'eux, les parois sombres de la montagne des Auges plantée de sapins noirs. Il y a cinquante ans des hommes étaient postés ici même. Guettant l'ennemi. Dérision insoutenable. Comment lutter contre une absurdité aussi tenace? Les mots sans doute. Pour s'en convaincre. Ne pas oublier. Et être sur ses gardes. J'écoute avec une grande attention et un profond respect le récit de Michel, tâchant d'imaginer à travers la relation crue des faits l'excitation et le tourment de ces hommes pris dans l'engrenage monstrueux d'un destin que d'autres ont mis en mouvement et qui les dépasse tous maintenant. Tandis que les skieurs, parfaitement droits sur leurs patins, s'évanouissent derrière un des nombreux monticules soulevés par les bombardements.

Je demande quelles sont les raisons précises de la modification de la mission. Mon compagnon hésite: c'est un des points qui restent obscurs et sur lequel les historiens se penchent précisément aujourd'hui.
Ceci dit, le même jour, un homme, originaire d'Arcachon et infiltré par la Résistance dans le GMR Aquitaine, annonce que certains membres sont prêts à entrer dans la Résistance. Il faut monter une expédition et attaquer les garnisons d'Entremont et du Petit-Bornand pour permettre à ces volontaires de gagner le plateau.
- Il ne faut pas oublier que l'Allemagne avait donné jusqu'au 12 mars pour régler le problème des maquis.
Avec une centaine d'hommes, Tom Morel descend le soir-même à l'Hôtel de France, à Entremont, où est installé le poste de commandement des GMR. Après de violents échanges de coups de feu, la garnison est neutralisée. C'est alors qu'a lieu le premier drame des Glières. Au moment de se rendre, le commandant Lefèvre porte la main à sa ceinture, se saisit d'un pistolet et abat, à bout portant, Tom Morel.
- Inutile de te dire qu'il y a un paquet de gars qui tombent aussitôt sous les rafales des mitraillettes, dont Lefèvre qui est coupé en deux immédiatement. Pour le maquis, c'est une catastrophe. Tu comprends: le lieutenant Tom Morel avait un charisme énorme. Les jeunes du maquis, que j'ai rencontrés par la suite, m'ont tous dit qu'ils seraient allés au bout du monde avec lui. Il tenait à la fois du Bonaparte à Rivoli et de Lancelot du Lac.
Général et chevalier. Soldat visionnaire et noble combattant. Dans les deux cas: un héros. En 1940, à un peu plus de 20 ans, il obtient la Légion d'Honneur après s'être battu contre les Italiens. Cité de nombreuses fois à l'Armée, il incarne la jeunesse valeureuse et triomphante. Les hommes du maquis, atterrés, remontent le cadavre de leur chef. Le dimanche 12, ils l'enterrent au pied du drapeau. Aux côtés d'un autre maquisard.
Joubert (de son vrai nom Jourdan) devient commandant par intérim. Dans le même temps, Humbert Clair fait monter 200 hommes sur le Plateau. Ils viennent du nord - est du département (du Giffre, du Chablais par exemple) et passent par le plateau de Cenise, guidés par des hommes du Petit-Bornand qui seront fusillés un peu plus tard par les Allemands. Au total 465 maquisards fréquenteront les Glières. Mais jamais en même temps. Car il y a un flux permanent avec la vallée. En tout cas, au moment de l'attaque allemande, ils seront 440-445 sur le Plateau.

Le jour de l'enterrement de Tom Morel, il fait un temps épouvantable. Soudain, au cours de l'après-midi, un grondement dans le ciel. Entre les éclaircies, les maquisards aperçoivent des avions: des Heinkel 111. Ils volent très haut car les services de renseignement pensent que le plateau est défendu par de la DCA et d'autres armes lourdes. Du 13 au 26 mars, les avions allemands, basés à Dijon, vont désormais, plus ou moins régulièrement, se succéder par vagues de trois, larguant des bombes, trois fois par jour. Au début, le bombardement est peu efficace, mais très vite, les Allemands se rendent compte qu'ils ont surestimé les forces défensives du maquis. Désormais, les Stukas qui ont fait leurs preuves à Guernica vont remplacer les Heinkel 111 et, passant à basse altitude, pilonner le plateau, détruisant bâtiments et sentiers.
- Ils nettoient tout ce qu'ils peuvent, insiste Michel avec ce langage rude des historiens qui en ont vu d'autres et qui, un peu comme des chirurgiens, dépècent la tragédie humaine avec une lucidité qui refuse toute sensiblerie. Ils passent entre 9 et 10 heures du matin. Le temps de rentrer à Dijon pour faire le plein, et ils reviennent vers midi. Puis vers 15 heures.
Ce qu'on ignore sur le plateau, c'est que depuis le 12, l'Etat-Major général de l'armée allemande a ordonné à la 157e division alpine de réserve basée en Italie d'intervenir: en tout 14000 hommes environ! Des soldats de tous âges, parfois des adolescents. Elle va mettre dix jours pour prendre position autour du plateau.
Entretemps le capitaine Anjot a été nommé pour succéder

à Tom Morel. Vichy, de son côté, a remplacé les Gardes Mobiles, déplacés sur la vallée de l'Arve, par la milice commandée par Vaugelas et dont le PC se trouve à Thorens. La Gendarmerie vient également en renfort. Il faut ajouter à cela des GMR : en tout, 2 000 hommes environ assurent le blocus du Plateau.
Là-haut, la situation n'est guère brillante. Les soixante-dix GMR prisonniers créent un climat d'insécurité. En plus, il faut les nourrir alors que les maquisards ont à peine de quoi subsister. Sans compter qu'ils risquent d'être reconnus plus tard dans la rue puisqu'il ne fait aucun doute maintenant qu'ils devront fuir le plateau. Peu de GMR finalement rallieront la Résistance. La milice attaque à plusieurs reprises jusqu'au 26. Dans la montagne des Auges, notamment. Il s'agit surtout de harcèlements destinés à maintenir la tension et empêcher tout renfort provenant de la vallée jusqu'à ce que l'armée allemande soit prête à lancer l'assaut définitif. Ceci dit, ils subissent des pertes.
Le 24 mars, l'artillerie allemande est installée entre Thônes et le Grand-Bornand. Elle commence à tirer sur les chalets.
Arrive à son tour la 157e, commandée par le général Pflaum qui installe son quartier général à l'Impérial à Annecy, puis à Thônes. Le Plateau est bouclé par les forces militaires, sauf entre Nâves et Saint-Laurent, où les hommes manquant, la portion sera gardée par la milice. Car il s'agit pour les Allemands non d'une entreprise militaire mais d'une opération de police menée «conjointement» par la Gestapo et la milice française, l'Armée intervenant uniquement pour prêter main-forte. C'est ainsi qu'aux côtés d'un officier militaire, la Gestapo place systématiquement un SS de grade supérieur. Le plateau gardé, leur intention est de monter par le secteur de Montiévret pour repousser le maquis vers Thorens où les attend la milice.
- Pourquoi la milice?
- Parce que la Gestapo fait davantage confiance aux tenants de la collaboration qu'aux soldats de la 157e qui ne sont pas de vrais nazis, et qui par leur diversité, ne montrent sans doute pas la même détermination.

Le dimanche 26, ils attaquent à Montiévret, dans un secteur particulièrement raide. Une cinquantaine de maquisards, armés de 17 fusils mitrailleurs, ripostent jusqu'à la nuit, empêchant les Allemands d'avancer. Puis le silence retombe. Les jeunes Résistants s'appellent dans la nuit. Personne ne répond. Seul, le râle des blessés. Et le mutisme des morts. Persuadés soudain que les Allemands ont cessé le feu pour les contourner, ils se replient, sans se concerter, et remontent jusqu'au plateau où ils retrouvent leur chef Lalande. Celui-ci ne tarde pas à rejoindre le capitaine Anjot à qui il transmet le rapport de ses hommes selon lequel l'ennemi a percé leurs lignes à la faveur de l'obscurité. Au lever du jour, sans nul doute, ils vont se retrouver encerclés. Et Michel demande:
- Qu'est-ce qu'on fait, mon capitaine?
Pour affecter aussitôt le ton solennel de l'officier qui s'est tourné vers les chasseurs alpins avec une gravité mêlée de courtoisie:
- De toutes façons, l'honneur est sauf. Qu'en pensez-vous, messieurs?
Tout le monde en convient. Il poursuit:
- Nous allons regagner nos maquis d'origine. La guerre n'est pas finie. Le combat doit se poursuivre sur d'autres fronts.
Au même instant, trois chasseurs alpins passent devant nous. Ils sont en manoeuvre sur le plateau. Sur chacun des sacs, une paire de raquettes. Ils prennent la direction du Nant du Talavé. Blancs sur le blanc de la neige. Et silencieux.
Le 26 mars, à 22 heures, l'ordre est donné du «décrochage». On se rend compte en effet que la position est intenable.
- Le dispositif sur le plateau est immense. Or, il s'est apparemment produit une faille. Et personne pour la combler. Aucune troupe de réserve. Ils risquent tous de se faire massacrer.
Car ils ont beau se battre comme des lions, tous ces jeunes ne sont pas de vrais soldats. Ils n'ont pas fait leur service militaire, ne possèdent pas davantage de notion de stratégie. En plus, ils utilisent des armes britanniques peu commodes d'emploi. Heureusement, leur capitaine avait prévu, dans l'éventualité d'un repli, des chemins d'«exflitration». C'est ainsi que certains vont sortir par Ablon, d'autres par Thorens, d'autres encore vont passer le col de la Forclaz, sous l'Aiguille Verte. Ce qu'ils ignorent, c'est que les Allemands avaient reçu l'ordre, la nuit tombant, de regagner la vallée! S'ils l'avaient su, ils auraient poursuivi à coup sûr la résistance. Sans pour autant, il est vrai, changer l'issue du combat. En tout cas, certains vont se faire prendre à Morette, aux Villards-sur-Thônes, au Sapey, au col de l'Ovine, ou encore sur le versant nord.

Et soudain, c'est comme un sac qu'on vide, plein d'horreurs. D'abord lentement, parce que ça ne veut pas sortir. Puis plus librement, méthodiquement. De pâles horreurs. Pareilles au soleil filtré par la brume. Presque innocentes. Larvaires. Et c'est ça qui est le plus horrible. Michel me rapporte les faits. D'une voix mécanique. Au cœur du printemps. Avec ce paysage d'un bleu outrageant, d'une blancheur indécente. Qui rend les images du passé insaisissables. D'un flou irréel. Et pourtant, j'entends, sur le plateau, les cris de démence, les éclats de rire, les injures, les appels fracassants. Niés par la douceur de l'air. Reniés par la prairie qui renaît. Je m'enfonce dans des abîmes de turpitudes. Dans les entrailles puantes de l'homme. Dans son imagination crapuleuse. Mes pas résonnent sur les carreaux de son cerveau fêlé. Mais ce qui m'épouvante surtout, c'est l'immonde sensation de sa présence en moi. C'est de ne pouvoir renier que j'appartiens à la même espèce. Et qu'à tout moment, au cœur même de la plus grande tendresse, dans les tissus de mon âme, une petite fleur hideuse bave sa morve en poussant des hurlements muets. Comme un chancre invisible.

Un jeune a tenté de déserter. Il est ramené, les mains en l'air, poussé par deux maquisards. Quand on l'a rattrapé, il portait une arme et avait emporté une boule de pain. Tom Morel va passer toute la nuit avec lui, tâchant calmement de le convaincre qu'un tel acte ne peut être puni que par la mort. Il sera fusillé à l'aube. Là-bas: Michel me montre le bosquet vert, en bas de la pente. Les feuilles frissonnent sous la brise. Car pour le lieutenant, le bataillon des Glières était un bataillon en guerre. On a le droit d'avoir peur, pas de déserter. Mais avaient-ils le droit d'appliquer le code militaire dans le maquis?

Nous passons maintenant devant le bâtiment qui abrita la section des éclaireurs skieurs. Les maquisards avaient récupéré des skis dans les clubs du Grand-Bornand et de la Clusaz. Certains diront «réquisitionné», d'autres «volé». Mais avec, de toutes façons, la bénédiction des gens de la vallée. De même, ils se sont procuré des sortes de chaussons pour se déplacer dans la neige. Quelques raquettes rudimentaires également. A l'époque, il y avait deux mètres de neige là-même où nous marchons. Brusquement, nous réalisons que nous sommes le 22 mars. Coïncidence troublante. Comme si le paysage tout entier nous tenait prisonniers de son mystère. Comme si la tragédie, résistant au temps, avait réussi à s'insinuer dans notre conscience, dans nos pas, pour poursuivre son destin. Aujourd'hui, il y a tout au plus cinquante centimètres de neige. La forêt a gagné sur les alpages. Mais l'ombre des ravins est tout aussi funèbre le long des combes ensoleillées.

Le lundi 27 en début d'après-midi, les Allemands débouchent sur le plateau par le Nant de Talavé. Ils ne trouvent personne. Deux maquisards cachés dans la montagne assistent au spectacle des chalets qu'ils font exploser. En même temps, ils piègent des greniers, ces habitations que les paysans construisent à côté des chalets. En avril 44, deux hommes qui sont montés sur le plateau vont vouloir y entrer. Ils seront tués.

En fuyant, les maquisards se heurtent donc aux miliciens et aux Allemands qui patrouillent un peu partout. Ceux qui se font arrêter par les miliciens sont déportés à Dresde ou à Leipzig. Une centaine environ, des derniers jours de mars au mois de mai. La chasse à l'homme se poursuivant jusqu'à Annecy. Quant à ceux qui tombent aux mains des Allemands, ils sont pratiquement tous fusillés sur-le-champ. Une autre centaine. Enterrés aujourd'hui à Morette. Parfois, miliciens et Allemands patrouillent ensemble. Ce qui donne lieu à une loterie macabre. Ils s'attribuent à tour de rôle les jeunes maquisards qu'ils réussissent à capturer: à toi, à moi. A quoi tient la vie dans des circonstances aussi diaboliques? Au total: 149 morts, soit fusillés, soit morts en déportation, maquisards ou paysans accusés de complicité. 250 réussiront à passer à travers les mailles meurtrières.

Les miliciens ne fusillent pas toujours. Pour montrer la bonne volonté du régime de Vichy, ils sont tenus de fournir de la main-d'œuvre pour les camps en Allemagne. Ce qui crée parfois une sourde rivalité avec la Gestapo. Mais ne les empêche pas un jour de massacrer quelques résistants en roulant plusieurs fois sur les corps avec un acharnement dément.

Ou encore, cet autre jour, à Sales, tout près de Thorens. Dans l'ancienne ferme du château, réquisitionnée. Ils procèdent à une exécution démoniaque. Un des chefs avait pour amie la fille d'un ministre de Vichy. Celle-ci manifesta un beau matin le désir de «se payer un terro». On fait sortir le prisonnier à qui on dit: «Allez, fous le camp!» Et on lui indique la direction d'un champ en pleine pente. Il ne se fait pas prier. Et commence à gravir le coteau. Péniblement. Ce qui donne le temps à la fille de se préparer: elle arme et vise.

D'abord les jambes. L'autre fait un bond. En hurlant. Puis les cuisses. Un autre bond. Maintenant, elle prend son temps. Elle le tient. Ils l'entendent rugir et supplier. Des gémissements hystériques entrecoupés de râles. Ça les excite. A chaque fois qu'il se relève, elle attend puis tire de nouveau. Toujours un peu plus haut. Son corps reste un instant immobile. Puis de longs tremblements le secouent comme s'il se déchirait de l'intérieur. Comme une plainte muette. Ça la fait jouir. Une heure que ça dure. A la fin, elle guette le moindre spasme de vie. L'épaule, par exemple. Une nouvelle salve perfore le silence. La lumière en frémit. Finir par la tête. Elle n'a pas même besoin de l'achever quand elle le rejoint, l'arme braquée sur un paquet de chairs à vif. Inerte. Seuls des bouillons de sang coulent sur l'herbe. Mouillent la terre.

Il y a encore eu ces deux Espagnols emmenés derrière le cimetière de Thorens. Même scénario. Les miliciens ont tiré sur l'un d'eux en évitant de le tuer. Soucieux de se repaître de vengeance, de haine, de plaisir sadique.

Et plus la victime hurlait, plus elle justifiait qu'on la traitât comme une bête. Plus le spectacle était abominable, plus les bourreaux trouvaient de bonnes raisons de fourrager dans les chairs: on ne peut supporter que ce qui est juste. Qui accepterait en effet d'admettre, les premiers coups portés, qu'il torture poussé uniquement par un désir morbide, frappé d'une folie meurtrière qu'il a senti grandir en lui? Celui-là n'aurait pas même l'alibi de la démence. Et après coup, qui supporterait de vivre avec cette pensée qu'un monstre vit en lui qui a pris sa place, vu avec ses yeux, respiré dans sa poitrine, remué ses membres? Possédé non pas du démon, mais de lui-même: et c'est encore pire!

Au bout d'un moment, ils ont pris des pierres et lui ont fait «exploser» la tête. Le mot est de Michel, expressif sans doute, mais surtout accusateur. Un homme qui était en train de faire un trou dans le cimetière fut témoin de la scène. Il se terra pour ne pas être repéré. Plus tard, il parlera. Les miliciens seront fusillés. Restent ces scènes d'horreur dont la raison ne viendra jamais à bout. Peut-on admettre qu'appartenant à la vaste confrérie humaine, nous soyons capables, selon les circonstances, d'actes les plus sublimes comme d'exactions les plus atroces? Que le racisme, la dictature, le meurtre et toutes les formes d'oppression répandues dans le monde fassent partie de la condition humaine et ne soient pas plus contournables que la mort? Une chose est sûre: la Résistance est un acte de tous les jours. C'est ce que nous ont enseigné les jeunes maquisards des Glières. Résister par le Bien et le Beau. Sans trop raisonner. Une idée ne vaut pas grand chose en face d'une émotion.

Les Espagnols furent 51 à combattre aux côtés des maquisards. Venus en 1939 se réfugier et se mettre au service de la Résistance française après avoir combattu dans les rangs des Républicains espagnols. Pour eux, la fin de Franco passait par la fin d'Hitler. Ils seront 150 à être reçus royalement par la France qui les parquera à Saint-Félix dans une porcherie qu'on aura auparavant, dans un excès de courtoisie, débarrassé des bêtes. Ils avaient le choix entre couper du bois dans la combe d'Ire, travailler au barrage de Génissiat ou encore partir en Allemagne. Ce qu'ils voulaient eux, c'était se battre. Tom Morel saura utiliser ces hommes courageux en faisant appel à leur expérience dans les coups durs. Sur les 51, 8 seulement se feront prendre quand le signal du repli sera donné. Certains ont sauvé leur peau dans des conditions difficiles. Car il fallait éviter les sentiers où l'ennemi guettait. L'un, par exemple, redescendit par la Tête à Turpin, un rocher détaché du massif du Parmelan et plongeant de plusieurs centaines de mètres au-dessus de la vallée de Thônes. Il utilisait des cordes de parachute. Soudain, alors qu'il désescalade un escarpement, il voit juste au-dessous de lui des Allemands. Il ne peut continuer à descendre, il n'ose pas non plus remonter de peur de faire partir des

Thorens-Glières *(alt 674 m): Le château de Sales, des XIe et XVe siècles, garde la haute vallée de La Fillière. Habité par la famille de Sales depuis 1559, il est le lieu de naissance de Saint-François-de-Sales. Toujours occupé par les descendants de sa famille, le château conserve de nombreux souvenirs et reliques du saint.*

pierres. Juste à côté de lui, le sommet d'un sapin au pied duquel, précisément, sont assis les Allemands. Il parvient à l'agripper et à s'installer sur une branche en prenant de multiples précautions. Les autres, pendant ce temps, ont décidé de bivouaquer. Il va rester dans cette position pendant 72 heures!

Un autre est resté plusieurs jours sans manger. Un matin, il voit un lièvre. Qui passe à portée de fusil. Une aubaine! Mais il sait que s'il tire, il se fait repérer. La mort dans l'âme, il le laisse fuir. La chance de salut est à cette condition. Par la suite, il écrira avec humour un opuscule au titre évocateur: «Le lièvre court toujours». Ceci dit, il n'y avait pas que des Espagnols sur le plateau. La Résistance comptait également dans ses rangs deux Italiens, deux Allemands, deux Russes, deux Polonais, un Autrichien, un Tchèque...

Nous nous arrêtons un moment devant l'infirmerie où Tom Morel fut remonté après sa mort et que l'aviation allemande prit pour cible. Les blessés, qui ne pouvaient être transportés quand on décida de quitter le plateau, furent placés dans une scierie en contrebas, à l'abri du pilonnage.

En arrivant sur le plateau, les Allemands sont tombés sur un blessé. Il avait la jambe entièrement ouverte. Ils l'ont redescendu à dos de mule juqu'à Thônes. Un calvaire! Arrivés en bas, ils l'ont fusillé.

Un autre eut plus de chance. Il portait l'uniforme des GMR tout en ayant rejoint la Résistance. Ses explications furent convaincantes. On le laissa en vie.

Les Allemands avaient faim. Ils débarquèrent dans une ferme où quelques vaches paissaient tranquillement. Il n'y avait personne. Ils les tuèrent toutes. Découpèrent les têtes et descendirent les carcasses sur des luges. Ils les

mangèrent dans un camp installé un peu plus bas. Quinze jours après, le propriétaire, ne se doutant de rien, remonte à sa ferme. Et découvre un spectacle surréaliste. Les têtes de ses vaches, parfaitement alignées, le regardent. Hébété, il s'avance vers elles en les appelant par leur nom. Il pleure toutes les larmes de son corps.

Un autre encore qui pouvait tout juste marcher sortit le lundi matin 27 mars. Il n'y avait plus personne sur le plateau. Il se traîna jusqu'au chalet tenu par la fermière Marie Dubosson qui était restée là comme d'autres paysans pendant toute la durée de l'opération. Elle l'installa dans un lit et commença à le soigner. Arrive un officier allemand qui ordonne à la femme de partir: le chalet va être brûlé. Elle dit alors qu'il y a quelqu'un d'autre à l'intérieur.

- Qui?
- Mon neveu. Il m'aide à la ferme.

L'officier découvre le blessé.

- Qu'est-ce qui vous est arrivé? Faites voir.

Une chapelle a été édifiée en 1672 à l'emplacement de la chambre où est né le 21 août 1567 celui qui est devenu Saint-François-de-Sales.

Le saint a eu la révélation de sa vocation à l'emplacement de cette croix.

Saint-François-de-Sales (1567-1622) a converti le Chablais et est devenu évêque de Genève-Annecy. Il a créé en 1606 l'Académie Florimontane et fondé en 1610, avec sainte Jeanne de Chantal, l'ordre de la Visitation. Il est considéré comme le Saint Patron des journalistes. Saint-François de Sales repose dans la Basilique de la Visitation à Annecy.

- C'est l'aviation. J'ai été touché dans le bombardement.
- Vous devez partir. Vous marcherez avec la dame.

Il s'est levé tant bien que mal et s'est mis à marcher. L'officier l'a regardé partir. Il lui a laissé faire deux cents mètres. Puis il a sorti son arme et l'a abattu. Le maquisard s'est écroulé dans la neige. L'allemand avait vu que sa blessure n'avait pu être provoquée par l'explosion d'une bombe. C'était la marque d'une balle. L'homme avait donc participé aux combats: ça ne pouvait être qu'un terroriste. L'opération de «nettoyage» terminée, l'armée allemande quitta les lieux. Le 5 avril, les hommes montèrent de la vallée pour aller récupérer leurs morts. Ils pensaient qu'ils étaient nombreux et avaient emporté des équipements en conséquence. En réalité, il n'y avait presque pas de cadavres. On sait pourquoi. Seule, au milieu du plateau, une main sortait de la neige.

Un autre, gravement blessé, est parvenu à gagner une ferme où il avait l'habitude de travailler avant le maquis. Du côté de Nâves. Il était à bout de forces. La fermière s'est avancée puis l'a achevé. A coups de bille de bois sur le tas de fumier. La Résistance les retrouvera, elle et son mari. Ils seront exécutés.

L'arsenal contenait les armes des parachutages des 5 et 11 mars: des fusils, des explosifs, des grenades. Quand il fut touché, ce fut une déflagration gigantesque. Des maquisards installés au sommet des Auges virent des planches voler jusqu'à eux, soit 400 mètres de dénivelée! Le trou provoqué par l'explosion n'est pas près d'être comblé.

Le 1er août a lieu un parachutage de 162 tonnes sur le plateau. La Résistance, loin d'être affaiblie, est dynamisée par la conduite exemplaire du bataillon des Glières. Il ne s'agit plus cette fois de garder le plateau, mais de se procurer les munitions destinées à assurer la victoire finale. Car le maquis est entré dans la légende. Son histoire a été transmise dans l'Europe entière. Il est devenu le symbole de la lutte pour la liberté. Une référence pour tout un peuple, toute une jeunesse.

Et pourtant, à l'origine, il s'agissait d'un simple bataillon venu récupérer des armes. En outre, l'épisode a duré peu de temps. Enfin, s'il s'est passé des exactions effroyables dans l'ombre d'un chalet ou d'un ravin, il n'y a pas eu de véritable bataille, ni le carnage auquel on aurait pu s'attendre. Comment le maquis des Glières a-t-il pu s'élever au rang de mythe? Parce que plusieurs conditions se trouvaient simultanément réunies. Tout d'abord, la nature avait planté là un décor digne des grandes tragédies: un îlot coupé du monde par les ravins et par la neige. De plus, les Résistants étaient pour la plupart des jeunes à la tête desquels Tom Morel faisait figure de héros. Par ailleurs, toute une population vibrait secrètement de cet acharnement à tenir tête à la meute des assaillants. A quoi il convient de rappeler que pour la première fois, la Résistance combattait à ciel ouvert l'armée allemande et les forces de Vichy. Enfin, les échos de leur action ne cessaient de s'étendre, amplifiés par la proximité du débarquement.

Malraux a inauguré le monument commémoratif du plateau des Glières. Chacun peut y voir, selon le vœu de l'artiste Ginioli, ce que son imagination lui dicte: le V de la victoire, V cassé pour marquer le tribut qu'il a fallu payer tandis qu'un soleil se lève en signe d'espérance; un oiseau à l'aile brisée prend son envol dans le ciel; des bras triomphants ou des bras martyrs, hurlant de joie ou

Arthaz-Pont-Notre-Dame

d'épouvante, ou encore la lune glissant paisiblement sur les flancs d'une montagne renversée..

En redescendant sur Thorens, nous nous arrêtons un instant pour considérer les ravages de la tempête. Effroyable! Des versants entièrement rasés. Les arbres éparpillés comme des allumettes. Se chevauchant. S'appuyant, à certains endroits, les uns contre les autres. Pareils aux fusils d'un titanesque campement. La plupart tournés vers le gouffre. Pressés de glisser dans le fond du ravin. Certains encore couchés tête-bêche. Des troncs sans branche. Et la terre dénudée. La montagne impudique. Même les rochers là-haut ne savent plus au-dessus de quoi ils doivent se dresser. Au milieu de ce décor désolé, la cascade du Nant des Bressets apparaît encore plus belle, plus sauvage. Ses eaux, plaquées contre les parois, forment une immense lame d'argent qui scinde la montagne en deux. Cherche à l'éventrer. Du haut vers le bas.

Dernière pause à la chapelle qui a été construite en 1677 par les neveux de Saint-François-de-Sales, à l'emplacement de l'ancien manoir où il est né et qui avait été abattu par Louis XIII. Le roi avait mal supporté en effet qu'un certain de Sales qui commandait la garnison du château d'Annecy lui résistât. Il se vengea sur ses biens. On était en 1632. La France était en guerre contre la Savoie. Un peu plus bas a été reconstruit le château, superbe bâtisse ouverte au public. Tous les ans, le jour de la Saint-François, une messe est célébrée dans la chapelle baroque.

Derrière les barreaux tombe un rayon de soleil.

Je me sens las tout à coup d'évoquer tous ces êtres qu'on abat: les hommes, les arbres, les châteaux. Chair, bois et pierre. Hier et aujourd'hui. Et demain sans doute. Las de l'éternelle violence, de l'inévitable mort.

En 1942, me dit encore Michel, des jeunes, notamment des scouts d'Annecy, spéléologues pour la plupart, allèrent «planquer» des armes, récupérées dans la grotte de la Diau, au fond de la combe d'Usillon. Elles étaient destinées à la Résistance. C'était juste avant l'arrivée des Italiens. Mais un orage les surprit en fin d'après-midi. Le niveau d'eau monta d'un seul coup. Impossible de sortir. Ils étaient coincés dans la grotte. Ils essayèrent de se mettre à l'abri en se hissant sur des escarpements à l'aide de perroquets, sortes d'échasses qui servaient à escalader. Comme s'il n'y avait pas assez de malheurs comme ça! Il fallait que la nature s'en mêle. Ils hurlèrent comme des damnés. Pleurèrent, prièrent sans doute. Les yeux rivés sur l'eau qui atteignait leur poitrine en clapotant et en balançant son grand corps. Leurs sanglots entrecoupaient les brèves accalmies d'une hystérie venue on ne sait d'où. Leurs voix ne leur appartenaient déjà plus. Tandis que dans les galeries le grondement devenait de plus en plus sourd. Puis le silence s'épaissit encore. L'angoisse insoutenable noyait leurs pensées. Soudain, l'eau ne bougea plus. Les regards, habitués au noir, épièrent la muraille et l'invisible ondoiement de la masse liquide. Enfin, ils perçurent un gloussement, puis un autre. La grotte entière se mit à glousser. La décrue fut rapide. L'eau bouillonnait. Tournant sur elle-même. La grotte se purgeait. Ils regagnèrent le village dans la nuit.

Voilà ce qui nous fait tenir: la promesse du miracle.

Le département de la Haute-Savoie a été rattaché à la France en 1860

Superficie: 48 3862 ha

Altitude moyenne: 1160 m

Point le plus haut:
Le **Mont-Blanc** 4810,40 m

Point le plus bas:
Commune de **Seyssel**, 252 m

Forêts: 170 000 ha

Réserves naturelles: 20 000 ha
(premier département français)

294 communes

Préfecture:
Annecy

EN ROUGE: SITES PHOTOGRAPHIÉS

L'auteur remercie tout particulièrement ses collègues photographes qui lui ont confié amicalement les photos suivantes:

Page 37 – Roger Duteil– en bas

Page 42 – S.A. de la Cascade de Seythenex – grotte et cascade – en bas – B. Fleuret

Page 43 – Abbaye de Tamié – cave d'affinage, Frère Nathanaël

Page 49 – Académie Florimontane d'Annecy – château de Montrottier – en bas

Page 81 – Roland Jobard – en bas

Page 91 – Thierry Genand – décolletage – micromécanique

Pages 104/147 – Yvon Chaloyard – Châtel – 5 cors des Alpes

Page 109 – J.-P. Bouvet – Les gorges du diable

Page 162 – Mario Colonel – cascade de glace

Page 196/197/200/202 – Georges Lacroix - martres et tétras - renard - marmottes -

Page 202 – Alain Lutz – fillette - photos du sommaire

Page 202 – André Moënne-Loccoz – bouquetin

Page 203 – Pierre Thomas – Société Salomon – randonneurs

Page 222/223 Patrick Grin – en bas

Remerciements aux pilotes: (avion et hélicoptère)

Jacques Brun

Yves Duparc

Pascal Oliviero

Bernard Paccot

Gilbert Schweitzer

Chez le même éditeur:

Collection Mémoire

Mémoire Paysanne, *Gestes et Traditions d'un Monde Paysan, texte de Jean-Pierre Spilmont, photographies de Robert Taurines*

Mémoire de la Terre, *Gestes et Traditions d'un Monde Paysan, texte d'Andrée Duvernay, photographies de Robert Taurines*

Mémoire des Saisons, *Gestes et Traditions d'un Monde Paysan, texte de Claude Chatelain, photographies de Robert Taurines*

Le Temps des Métiers, *texte et photographies de Robert Schuler*

Paysan de part et d'autre du Léman
Texte de Jean-Pierre Spilmont, photographies de Laurent Gruaz, préface de Marc Veyrat

Collection Legend'

Le Dahu, tome 1
Légende vivante des montagnes
Texte et illustrations de Patrick Leroy

Le Dahu, *tome 2*
Encyclopédie complémentaire à la précédente
Texte et illustrations de Patrick Leroy

Collection Tenso

Noirs Desseins
Nouvelles fantastiques et baroques de Josette Buzaré, illustrations de Buznik

Voyage sous nos cendres
Roman de Gérard Bosson

Philgan de Montjoie, *Roman de Fabrice Chatelain*

Rêve Tibétain, *Chemins de vie, texte de Fred Lorens, illustrations de F.O. Brunet*

Collection Gaïa

Rêver le Mont-Blanc - *Dreams of Mont-Blanc*
Texte de Roger Canac, photographies de Robert Taurines

Haute-Savoie, *Terre d'Émotions*
Texte d'Alain Lutz, photographies de Robert Taurines

Collection L.O.L.

Le Fou-Rire de l'Ange, *roman de Robert Ayats, illustrations Alain Durbec*

Flatulosophie, *textes Didier Delème, illustrations Buznik*

Remerciement à:

Patrick Ancey
Jean Annequin
Annick Bauduin
Jean Boujon
Daniel Boujon
Valèrie Cado
Guy Chaumereuil
François Damilano
Marcel Guinchard
Georges Lacroix
Jean Lamotte
Annie Marriaux
Pierre Martine
Vincent Pondicq
Laurent Surbeck
Alain Veyret
Émilie Vulliet

Remerciements aux entreprises:

Le Grenier Savoyard, Samoëns
Entreprise Lejeune, Cornier
Entreprise Dauvet, Batteurs d'Or, Excenevex
Fonderie Paccard, Sevrier
Association de la Musique Mécanique, Les Gets
Académie Florimontane
Orchestre des Pays de Savoie
Chœur Départemental de Haute-Savoie
Administration des Douanes, Chambéry
Régie Générale des Données de la Haute-Savoie
Abbaye de Tamié

Iconographie historique:

Bibliothèque universitaire, Genève
Musée d'Art et d'Histoire, Chambéry
Musées d'Annecy